Programas de adquisición de hábitos de alimentación y autonomía de un ACNEE que se realizan en un comedor escolar

Elena Díaz Cánovas

ic editorial

Programas de adquisición de hábitos de alimentación y autonomía de un ACNEE que se realizan en un comedor escolar

© Elena Díaz Cánovas

1ª Edición

© IC Editorial, 2024

Editado por: IC Editorial
c/ Cueva de Viera, 2, Local 3
Centro Negocios CADI
29200 Antequera (Málaga)
Teléfono: 952 70 60 04
Fax: 952 84 55 03
Correo electrónico: iceditorial@iceditorial.com
Internet: www.iceditorial.com

ISBN: 978-84-1184-386-7
Depósito Legal: MA 2217-2024

Impresión: PODiPrint
Impreso en Andalucía – España

Nota de la editorial: IC Editorial pertenece a Innovación y Cualificación S. L.

Presentación del manual

El **Certificado de Profesionalidad** es el instrumento de acreditación, en el ámbito de la Administración laboral, de las cualificaciones profesionales del Catálogo Nacional de Cualificaciones Profesionales adquiridas a través de procesos formativos o del proceso de reconocimiento de la experiencia laboral y de vías no formales de formación.

El elemento mínimo acreditable es la **Unidad de Competencia.** La suma de las acreditaciones de las unidades de competencia conforma la acreditación de la competencia general.

Una **Unidad de Competencia** se define como una agrupación de tareas productivas específica que realiza el profesional. Las diferentes unidades de competencia de un certificado de profesionalidad conforman la **Competencia General,** definiendo el conjunto de conocimientos y capacidades que permiten el ejercicio de una actividad profesional determinada.

Cada **Unidad de Competencia** lleva asociado un **Módulo Formativo,** donde se describe la formación necesaria para adquirir esa **Unidad de Competencia,** pudiendo dividirse en **Unidades Formativas.**

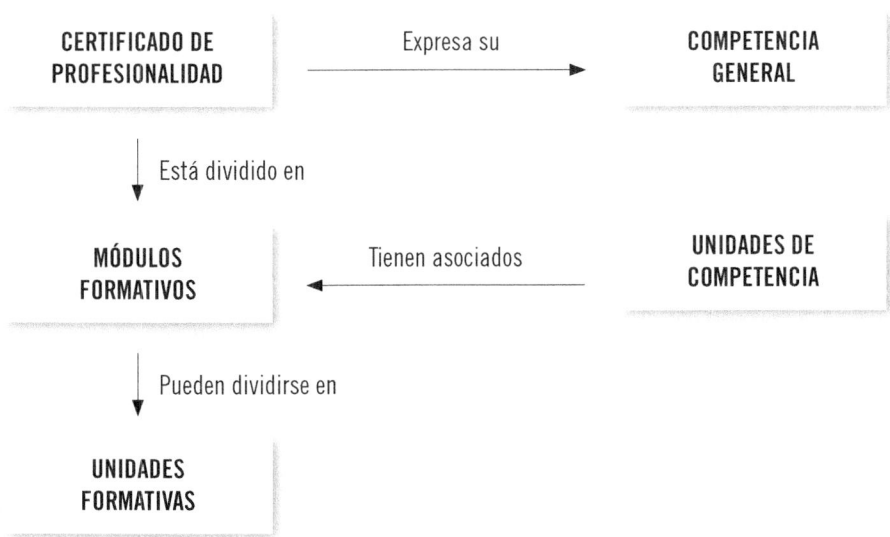

El presente manual desarrolla la Unidad Formativa **UF2422: Programas de adquisición de hábitos de alimentación y autonomía de un ACNEE que se realizan en un comedor escolar,**

perteneciente al Módulo Formativo **MF1430_3: Hábitos y autonomía en la alimentación del alumnado con necesidades educativas especiales (ACNEE), en el comedor escolar,**

asociado a la unidad de competencia **UC1430_3: Atender al alumnado con necesidades educativas especiales (ACNEE) en el comedor escolar, participando con el equipo interdisciplinar del centro educativo en la implementación de los programas de hábitos de alimentación,**

del Certificado de Profesionalidad **Atención al alumnado con necesidades educativas especiales (ACNEE) en centros educativos.**

MF1430_3

Hábitos y autonomía en la alimentación del alumnado con necesidades educativas especiales (ACNEE), en el comedor escolar

Tiene
asociado el

**UNIDAD DE COMPETENCIA
UC1430_3**

Atender al alumnado con necesidades educativas especiales (ACNEE) en el comedor escolar, participando con el equipo interdisciplinar del centro educativo en la implementación de los programas de hábitos de alimentación

Compuesto de las siguientes
UNIDADES FORMATIVAS

UF2277
Aplicación de los Sistemas Alternativos y aumentativos de comunicación

UF2421
Programas de autonomía e higiene personal, a realizar en el comedor escolar con un ACNEE

UF2422
Programas de adquisición de hábitos de alimentación y autonomía de un ACNEE que se realizan en un comedor escolar

UNIDAD
FORMATIVA
DESARROLLADA
EN ESTE MANUAL

FICHA DE CERTIFICADO DE PROFESIONALIDAD

(SSCE0112) ATENCIÓN AL ALUMNADO CON NECESIDADES EDUCATIVAS ESPECIALES (ACNEE) EN CENTROS EDUCATIVOS

(R. D. 625/2013, de 2 de agosto y corrección de erratas del R. D. 625/2013, BOE 22/11/2013)

COMPETENCIA GENERAL: Acompañar al alumnado con necesidades educativas especiales (ACNEE) tanto en los desplazamientos, como en la realización de las actividades relacionadas con los programas de autonomía personal e higiene y de enseñanza-aprendizaje, durante el periodo escolar, utilizando metodología, técnicas y recursos, bajo la supervisión del equipo interdisciplinar del centro educativo, para satisfacer las necesidades básicas de aseo, alimentación y descanso del ACNEE, procurando su autonomía y garantizando la seguridad del mismo, cumpliendo con la normativa aplicable en los centros educativos.

Cualificación profesional de referencia		Unidades de competencia	Ocupaciones o puestos de trabajo relacionados:
SSC444_3 ATENCIÓN AL ALUMNADO CON NECESIDADES EDUCATIVAS ESPECIALES (ACNEE) EN CENTROS EDUCATIVOS (R. D. 1096/2011, de 22 de julio)	UC1426_3	Acompañar al alumnado con necesidades educativas especiales (ACNEE) en los desplazamientos internos en el centro educativo	• Auxiliar Técnico/a Educativo/a • Ayudante Técnico/a Educativo/a • Especialista de Apoyo Educativo • Educador/a de Educación Especial • Integrador/a social
	UC1427_3	Ejecutar, en colaboración con el tutor/a y/o con el equipo interdisciplinar del centro educativo, los programas educativos del alumnado con necesidades educativas especiales (ACNEE) en su aula de referencia	
	UC1428_3	Implementar los programas de autonomía e higiene personal en el aseo del alumnado con necesidades educativas especiales (ACNEE), participando con el equipo interdisciplinar del centro educativo	
	UC1429_3	Atender y vigilar en la actividad de recreo al alumnado con necesidades educativas especiales (ACNEE), participando junto a el/la tutor/a en el desarrollo tanto de los programas de autonomía social como en los programas de actividades lúdicas	
	UC1430_3	Atender al alumnado con necesidades educativas especiales (ACNEE) en el comedor escolar, participando con el equipo interdisciplinar del centro educativo en la implementación de los programas de hábitos de alimentación	

Correspondencia con el Catálogo Modular de Formación Profesional

Módulos certificado	Unidades formativas	Horas
MF1426_3: Aplicación técnica de movilidad, orientación y deambulación en los desplazamientos internos por el centro educativo del alumnado con necesidades educativas especiales (ACNEE)	UF2277: Aplicación de los Sistemas Alternativos y aumentativos de comunicación	30
	UF2416: Utilización de las técnicas de movilidad en desplazamientos internos por el centro educativo del ACNEE	70
MF1427_3: Participación en los programas de enseñanza-aprendizaje en el aula de referencia del alumnado con necesidades educativas especiales (ACNEE)	UF2277: Aplicación de los Sistemas Alternativos y aumentativos de comunicación	30
	UF2417: Aplicación de los programas de habilidades de autonomía personal y social del alumnado con necesidades educativas especiales	50
	UF2418: Actividades complementarias y de descanso del alumnado con necesidades educativas especiales	70
MF1428_3: Autonomía e higiene personal en el aseo del alumnado con necesidades educativas especiales	UF2277: Aplicación de los Sistemas Alternativos y aumentativos de comunicación	30
	UF2419: Programas de autonomía e higiene en el aseo personal del ACNEE	70
MF1429_3: Atención y vigilancia en la actividad del recreo del alumnado con necesidades educativas especiales	UF2277: Aplicación de los Sistemas Alternativos y aumentativos de comunicación	30
	UF2420: Programas de actividad lúdica en el recreo	90
MF1430_3: Hábitos y autonomía en la alimentación del alumnado con necesidades educativas especiales (ACNEE), en el comedor escolar	UF2277: Aplicación de los Sistemas Alternativos y aumentativos de comunicación	30
	UF2421: Programas de autonomía e higiene personal, a realizar en el comedor escolar con un ACNEE	40
	UF2422: Programas de adquisición de hábitos de alimentación y autonomía de un ACNEE que se realizan en un comedor escolar	50
MP0503: Módulo de prácticas profesionales no laborales		80

Índice

Capítulo 4
Apoyos para la alimentación de un ACNEE en el centro escolar

Capítulo 1

Autonomía en la alimentación del ACNEE

Contenido

1. Introducción

La alimentación, como otros factores que inciden en la vida de los seres humanos, influye de forma determinante en la salud del individuo. Los estados de salud y bienestar general, dependen en buena medida de la alimentación que los sujetos mantienen a lo largo de su vida.

Por ello, la dieta de los escolares debe proporcionar las calorías suficientes que les permitan un desarrollo psicofísico adecuado en relación a sus características individuales.

Así, dentro de la jornada escolar se pueden aprovechar las horas de comer como momentos plenamente educativos que busquen la adquisición de autonomía en la realización de actividades habituales básicas de salud e higiene. Sin olvidar proporcionar al alumnado pautas sobre los hábitos de consumo y vida saludable.

Por otro lado, a lo largo del capítulo se definirá qué se entiende por Alumnado con Necesidades Educativas Especiales (ACNEE) y sus características propias. Asimismo se tendrán en cuenta las condiciones desfavorables que se encuentran en la actividad del comedor y qué recursos y apoyos se deben buscar para una mayor equidad.

Por último se analizarán los programas de autonomía y hábitos en la alimentación tratando que este se convierta en un instrumento docente útil para mejorar la salud y calidad de vida del ACNEE.

2. Características del ACNEE a tener en cuenta en la actividad del comedor escolar: nivel de dependencia

En la vida cotidiana son muchas las conductas que el ser humano debe desempeñar, teniendo todas ellas como denominador común la independencia y autonomía del individuo en relación con otras personas.

No se debe separar la escuela y la vida. El aprendizaje tiene que estar íntimamente unido a la existencia de cada individuo en concreto, a su cotidianeidad y su experiencia diaria. Más aún si se habla de ACNEE (Alumnado con Necesidades Educativas Especiales), cuya necesidad primordial será la independencia y autonomía para llegar a conseguir la integración social (que es uno de los grandes fines de la educación).

La enseñanza de habilidades básicas y hábitos de autonomía, dentro de las cuales estaría la alimentación, persigue un doble objetivo:

- Potenciar al máximo las posibilidades del sujeto facilitándole a corto plazo el desenvolvimiento en el contexto escolar y familiar.
- Posibilitar, a más largo plazo, su desarrollo en el medio social e integración activa y participativa en el mismo.

Definición

ACNEE (Alumnado con Necesidades Educativas Especiales)
Aquel que requiera, por un periodo de su escolarización o a lo largo de toda ella, determinados apoyos y atenciones educativas específicas derivadas de discapacidad o trastornos graves de conducta.

No es un reto fácil, sobre todo si se tiene en cuenta que el comedor escolar, como contexto educativo, trata de poner en juego todos los elementos organizativos (materiales, espacios, agrupamientos, horarios, infraestructuras, coordinación de profesionales, estrategias, etc.) en aras de cubrir las necesidades que presenta el alumnado.

Por otro lado, también decir que el ACNEE como cualquier otro niño en edad escolar, presenta las condiciones ideales para el asentamiento y adquisición de dichos hábitos y actitudes alimenticias que favorecerán su calidad de vida como persona adulta gracias a:

- Capacidad de conducta imitativa.
- Posibilidad de relacionar estos contenidos con su actividad natural. El juego como medio de aprendizaje.
- Su curiosidad e interés hacia los objetos, espacios y situaciones.
- Su admiración por el mundo adulto, que hará que desee comportarse como ellos, tomándoles en este caso como ejemplo.

Estas capacidades junto con la casuística particular de cada uno de los/as alumnos/as serán las que se tendrán en cuenta para dar una respuesta que se ajuste a las necesidades y al nivel de dependencia para actuar como elemento corrector de las posibles desigualdades que pudieran surgir en el contexto del comedor escolar.

2.1. Características del ACNEE

Más concretamente, cuando se habla de características propias o casuística particular de cada uno de los ACNEE en el contexto del comedor escolar se hace referencia a las que se describen a continuación.

Desplazamientos

Se observa de forma concreta cómo el/la alumno/a se desplaza. Esto posibilita la detección de cuáles van a ser sus necesidades para poder actuar de forma autónoma por el comedor escolar y qué modificaciones o cambios serán necesarios para eliminar las barreras arquitectónicas y trabas para lograr así la adaptación del contexto al escolar y los requerimientos especiales que este necesite.

Así se hará necesario conocer:

- Si utiliza silla de ruedas: tipo (si es autopropulsada, neurológica, manual, etc.).
- Si tiene autonomía de desplazamiento por el interior del centro o por los patios y si precisa ayuda de andador, bastones, paralelas, etc.
- Si utiliza otros medios: triciclo adaptado, reptador con ruedas, etc.

Ejemplo de silla de ruedas manual y autopropulsada

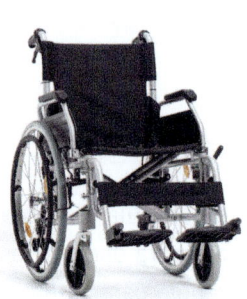 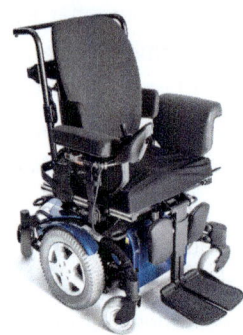

 Actividades

1. Busque información sobre la normativa vigente que regula los comedores escolares y analícela.
2. Indique qué posibles barreras arquitectónicas y obstáculos cree que se pueden encontrar en un comedor escolar.

Manipulación

A través del conocimiento de esta característica se podrá realizar la previsión del tipo de materiales que van a poder utilizar (bandeja, tenedor, cuchara, etc.), qué adaptaciones se tendrán que realizar sobre los mismos para favorecer su utilización y qué materiales alternativos se introducirán para facilitar el aprendizaje de determinadas destrezas (beber agua, llevarse el tenedor a la boca, etc.). Por ello se deberá comprobar si:

- El alumno tiene uso funcional de las manos y en qué medida afecta su discapacidad a los miembros superiores.
- Qué mano utiliza preferentemente o si utiliza la no dominante como apoyo.

- Puede coger un objeto y soltarlo, desplazar objetos por la mesa mediante el arrastre, señalar.
- Tiene intencionalidad manipulativa.

Ejemplo de cubiertos adaptados

Comunicación

Se debe prever cómo se llevará a cabo la interrelación y comunicación con su grupo de iguales y con los monitores de apoyo que le asisten.

En ocasiones será necesario introducir sistemas alternativos y aumentativos de comunicación (SAAC) e incorporar el uso de ayudas técnicas en el desenvolvimiento normal del comedor.

Es importante en este sentido planificar el soporte para que tanto los especialistas de apoyo en el comedor, como el propio alumnado conozcan y domine las técnicas y los recursos materiales que se van introduciendo.

Más concretamente y con respecto a este ámbito (no se debe olvidar que por norma general el comedor es bastante ruidoso) se debe considerar:

- Si tiene lenguaje oral y en qué grado es inteligible.
- Si utiliza algún sistema aumentativo o alternativo de comunicación.
- Si emplea algún sistema codificado para manifestar la negación y la afirmación.
- Cuáles son los gestos más usuales y su significado.
- Si ha recibido tratamiento de logopedia o de maestro de audición y lenguaje.

Deglución

Los problemas de deglución se encuentran en alguna de las actividades específicas del proceso normal de deglución, tales como la actividad lingual, labial, dental o paladar. Las dificultades pueden oscilar desde una incapacidad total para tragar, hasta la tos o el ahogo cuando los alimentos o líquidos entran a la tráquea, situación conocida como aspiración.

Con el fin de superar estas dificultades se planteará un tratamiento que deberá enfocarse en la búsqueda, adaptación y adecuación de métodos y técnicas que permitan restablecer o compensar las deficiencias existentes (principalmente en alimentación e hidratación). Algunos ejemplos son dar comida pasada, utilizar una pajita, etc.

Algunas características son:

- Hipotonía en labial, falta de sellado de los labios, e incluso babear.
- Puede haber fonemas que no se produzcan de forma adecuada.
- Hipotonía lingual: la lengua está en posición de reposo y suele salir hacia afuera.
- Al cerrar la boca las arcadas no unen bien.
- Suelen respirar por la boca, por lo que se trabaja la respiración nasal.

Partes del aparato digestivo que intervienen en la deglución

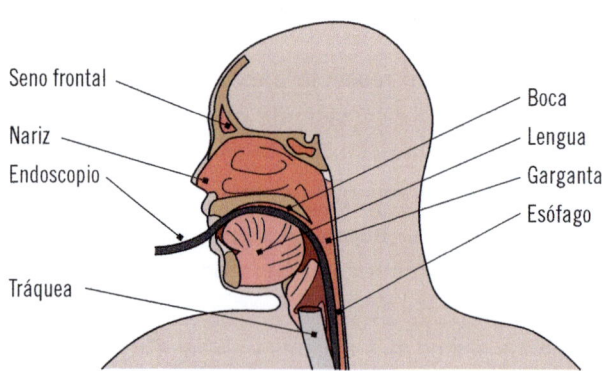

Sedestación o posición de sentado

Se debe prever qué modificaciones deberán establecerse sobre la mesa y la silla de comedor para posibilitarles un control de su postura en sedestación que les aporte seguridad y comodidad, reduzca sus movimientos incontrolados y potencie y motive el desempeño de determinadas destrezas de forma correcta. Así para ello se tendrán en cuenta:

- El grado de control del tronco.
- Posibles desviaciones de columna.
- Adaptaciones del mobiliario de uso común para el escolar.

Posición correcta estando sentado

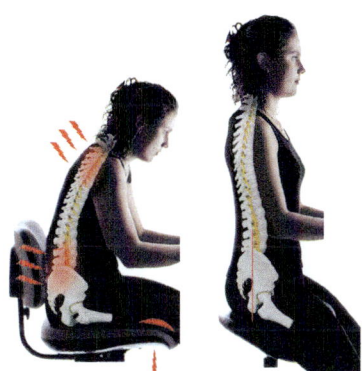

Capacidades cognitivas

Las capacidades cognitivas son aquellas que se refieren a lo relacionado con el procesamiento de la información, esto es:

- **Atención:** mecanismo de control de la elección del estímulo.
- **Percepción:** conducta mediante la que se toma conciencia de la realidad.
- **Memoria:** capacidad para almacenar y reproducir información obtenida como respuesta a estímulos específicos.
- **Resolución de problemas:** habilidades para solventar conflictos básicos.

- **Comprensión:** entender las ideas principales.
- **Establecimientos de analogías:** búsqueda de una semejanza con algo ya aprendido o conocido.

Estas son fundamentales ya que de ellas dependerá la forma de aprender cualquier habilidad o destreza relacionada con la autonomía en los hábitos básicos de alimentación.

 Sabía que...

El informe Warnock señaló tres prioridades como ejes que mejorarían cualitativamente la atención al ACNEE:

I Formación y perfeccionamiento del profesorado.
I Atención educativa temprana (prevención de futuras dificultades).
I Educación para los jóvenes con NEE.

Otros aspectos

Es conveniente conocer la existencia de:

- **Crisis convulsivas:** es importante para los equipos de apoyo en comedor estar familiarizados con estos procesos, conocer la medicación que los alumnos tienen prescrita y en qué medida puede afectar a su actividad alimentaria, reconocer los signos de alerta, y sobre todo es necesario desmitificar el proceso, abordando con serenidad las crisis y actuando de forma precisa en cada momento.
- **Control esfinterial:** no es lo mismo que un alumno/a no controle estas necesidades básicas por presentar retraso madurativo que por tener serias dificultades motóricas, por padecer problemas urológicos, o tener secuelas de una paraplejia. Será necesario analizar la situación y programar la consecución del control esfinterial para que el escolar sea autónomo en estos menesteres, introducir variables que le posibiliten

comunicar cuándo quiere hacer sus necesidades, o bien programar actividades previas y posteriores al momento del almuerzo, posibilitándole el entrenamiento en el cambio de pañales de forma autónoma, el autosondaje, la reducción de olores, etc.

- **Alergias o patologías alimentarias:** son una reacción inmunológica como respuesta a la exposición a un alimento o a un componente de un alimento. La mejor manera de tratar las alergias es con la eliminación de la dieta de los alimentos que la causan y para ello es necesario que tanto el alumno/a como el equipo de monitores o educadores del comedor los conozcan y sepan cuál puede ser la reacción ante una posible ingesta.

Actividades

3. Determine qué diferencia hay entre una alergia y una patología alimentaria.
4. Realice un mapa conceptual de las capacidades cognitivas más representativas.

2.2. Nivel de dependencia

Cuando la limitación en la actividad de la vida cotidiana de una persona alcanza un nivel en el que el individuo ya no es capaz de realizarla por sí mismo, se considera a la persona dependiente. Esto indica que necesita a terceras personas como apoyo.

Los educadores o especialistas de apoyo en el comedor escolar han de ser profesionales comprometidos con el desarrollo personal y social del ACNEE, teniendo siempre un conocimiento de primera mano de las carencias personales y sociales de las personas dependientes a las que dedican una atención especial. Desentenderse de las cuestiones relacionadas con la autonomía del alumnado con limitaciones de cualquier tipo es dejar de lado los derechos fundamentales de las personas afectando a su calidad de vida.

El conocimiento del nivel de dependencia del alumnado facilitará información acerca de qué apoyos necesita.

Este nivel o grado de dependencia viene determinado por la Ley 39/2006, de 14 de diciembre, de Promoción de la Autonomía Personal y Atención a las Personas en Situación de Dependencia, que en su artículo 26 establece:

1. La situación de dependencia se clasificará en los siguientes grados:

▌ *Grado I: Dependencia Moderada. Cuando la persona necesita ayuda para realizar varias actividades básicas de la vida diaria al menos una vez al día, o tiene necesidades de apoyo intermitente o limitado para su autonomía personal.*

▌ *Grado II: Dependencia Severa. Cuando la persona necesita ayuda para realizar varias actividades básicas de la vida diaria dos o tres veces al día, pero no quiere el apoyo permanente de un cuidador o tiene necesidades de apoyo extenso para su autonomía personal.*

▌ *Grado III: Gran Dependencia. Cuando la persona necesita ayuda para realizar varias actividades básicas de la vida diaria varias veces al día y, por su pérdida total de autonomía física, mental, intelectual o sensorial necesita el apoyo indispensable y continuo de otra persona o tiene necesidades de apoyo generalizado para su autonomía personal.*

Esta información, centrada de nuevo en el ámbito escolar, vendrá recogida en el dictamen de escolarización del ACNEE tal y como dice la Orden de 19 de septiembre de 2002 por la que se regula la realización de la evaluación psicopedagógica y el dictamen de escolarización:

El dictamen de escolarización es un informe fundamentado en la evaluación psicopedagógica en el que se determinan las necesidades educativas especiales y se concretan la propuesta de modalidad de escolarización y la propuesta de las ayudas, los apoyos y las adaptaciones que cada alumno o alumna requiera. El dictamen de escolarización será elaborado por el equipo de orientación educativa de la zona, dependiente de la Consejería de Educación y Ciencia, que corresponda al centro educativo donde esté escolarizado el alumno/a.

Estos datos sobre las capacidades y necesidades individuales del ACNEE que estén relacionadas con los hábitos de alimentación y autonomía se tomarán como referencia para la confección de programas, entre otros los de aprendizaje de hábitos de autonomía e higiene personal elaborados por el equipo interdisciplinar del centro educativo.

Son en los programas de adquisición de hábitos de alimentación y autonomía personal donde los educadores o especialistas de apoyo en el comedor han de basar todas sus actuaciones, siguiendo los protocolos que ahí se describen y en coordinación con el resto de profesionales y la familia del ACNEE.

 Aplicación práctica

Es el comienzo de curso, la coordinadora del equipo de monitores de apoyo en el comedor le comenta a Virginia (monitora encargada de ACNEE) que hay un niño nuevo con parálisis cerebral al que tiene que asistir. ¿Cómo puede Virginia recoger más información sobre las necesidades y capacidades individuales del alumno?

SOLUCIÓN

Virginia deberá obtener más información a través de:

▮ El equipo multidisciplinar que atiende al alumno en concreto durante a jornada escolar y/o en su caso al tutor de referencia.
▮ El equipo directivo del centro para que le indique las pautas que desde el equipo de orientación educativa se le prescriben.
▮ A los padres si tiene ocasión de verlos en el momento de la recogida. Podrá preguntarles cómo actúan ellos en casa en el momento de las comidas.
▮ Y fundamentalmente al dictamen de escolarización personal y al programa de adquisición de hábitos de alimentación y autonomía personal que tiene el ACNEE, donde además de recoger las necesidades y capacidades del alumno se indicarán los recursos tanto materiales como personales que la administración educativa ha de proporcionarle.

Nota: la comunicación de la información que se establece con los/las profesionales correspondientes y con las familias del ACNEE ha de seguir los protocolos previstos en el programa de autonomía y hábitos en la alimentación para garantizar la coordinación de los mismos.

3. Acciones a desempeñar: lavado de manos, colocación de baberos u otras

Los monitores de apoyo en el comedor deben ser conscientes de la importancia y valor de su trabajo, ya que este es primordial para los/as niños/as. Durante las dos o tres horas del tiempo del mediodía los monitores han de ser un referente para ellos, ya que la manera en que actúan repercute sobre los niños. Por tanto deben conseguir que esta influencia sea siempre positiva.

Para ello se han de tener en cuenta algunos aspectos importantes a la hora de desempeñar correctamente el trabajo:

- Tener una actitud positiva y cercana al ACNEE.
- Ser dialogantes, respetuosos y cariñosos.
- Actuar con criterios firmes y tener seguridad en sí mismos.
- Ser autónomos y poder solucionar las dificultades que puedan surgir.
- Estar atentos a las necesidades del alumnado.
- Mantener un trato cordial y respetuoso con el personal del centro y familiares.

El comedor no es solo el lugar donde se va a comer. Este ha de ser un espacio educativo donde se aprende a comer de manera correcta y adecuada.

Teniendo en cuenta todo lo anteriormente mencionado se podría decir que el equipo de educadores o especialistas de apoyo al ACNEE deberá seguir las pautas de actuación de los programas de aprendizaje de hábitos de autonomía e higiene personal elaboradas por el equipo interdisciplinar del centro educativo.

Estas pautas de actuación estarán delimitadas por una serie de hábitos y rutinas cotidianas que deben ser tomadas como puntos de referencia para planificar la intervención educativa, ya que estas rutinas les permiten al ACNEE prevenir y anticiparse a situaciones, así como orientarse en el tiempo y en el espacio, al tiempo que refuerzan hábitos que generalmente les acompañan.

Estas acciones se podrán clasificar según el momento de actuación.

Actividades

5. Explique el significado de comedor como espacio educativo. Razone su respuesta.
6. Si los monitores de apoyo han de ser un referente, ¿cómo cree que debe ser su higiene personal?

3.1. Momentos de actuación por parte del especialista de apoyo en el comedor

Se pueden dividir en tres momentos claves: antes de comer, durante la comida y después de comer.

Antes y después de comer

En el momento anterior al almuerzo como en el inmediatamente posterior se han de llevar a cabo las siguientes acciones:

- Supervisar el lavado de manos para asegurar que todo el ACNEE lo ha realizado siguiendo las pautas del programa de aprendizaje de hábitos de autonomía e higiene personal.
- El lavado de manos se realiza a aquel ACNEE que no puede hacerlo de manera autónoma, explicándole el procedimiento a seguir para favorecer su autonomía.
- Acompañar al baño y ayudarle si fuese necesario a cambiarse el pañal.
- Proporcionar ayuda en la colocación de baberos o batas al ACNEE que lo utilice, anticipándole a la actividad de la comida para que interiorice los aprendizajes relacionados con las rutinas diarias y adquiera hábitos de higiene.
- Fomentar la autonomía del alumnado ofreciéndole ayuda cuando sea necesario en cuanto a los desplazamientos por el centro.
- Supervisar la distribución de los menús teniendo en cuenta aquellos con dietas especiales, ya sean puntuales o no.

- Tratar que el alumnado tenga un comportamiento adecuado en el patio. No permitir conductas que no sean respetuosas.
- Controlar que tanto la entrada como la salida del comedor se realice de manera ordenada, por grupos, sin correr, ni saltar.
- Facilitar la comunicación entre iguales para potenciar la socialización del ACNEE siguiendo las pautas de los programas de autonomía social.
- Procurarles un sitio adecuado y adaptado a sus posibilidades para guardar sus pertenencias de forma ordenada.
- Motivar al ACNEE a asumir responsabilidades a la hora de poner la mesa y recogerla.

Tipos de baberos escolares

| Babero normal de tela | Babero con bolsillo de plástico rígido | Babero de plásticos con mangas | Bata escolar |

Cuatro pasos para el lavado correcto de manos

 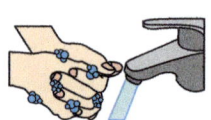  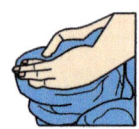

Paso 1.
Abrimos el grifo y nos mojamos las manos

Paso 2.
Nos enjabonamos las manos frotando las palmas, el dorso, entre los dedos y también las muñecas

Paso 3.
Nos enjuagamos las manos con abundante agua

Paso 4.
Nos secamos las manos con una toalla limpia o un secador de manos

Durante la comida

Por otro lado, durante el almuerzo se han de llevar a cabo las siguientes actuaciones:

- Orientar e insistir en el correcto manejo de los cubiertos, así como del cuidado de todos los útiles de la comida (vasos, cubiertos, servilleta, etc.).
- Prestar un mayor apoyo a los escolares que así lo requieran e incluso administrar los alimentos, indicándole siempre al ACNEE los alimentos que se van a ingerir para que los identifique y colabore en la medida de sus posibilidades.
- Asegurarse de que los alimentos se toman de forma ordenada (primer plato, segundo plato y postre) y la cantidad suficiente de cada plato.
- Procurar que el ACNEE esté bien sentado para un correcto control postural mientras come.
- Fomentar que los escolares permanezcan sentados durante la comida y si requieren de atención que la soliciten de una manera educada.
- Aplicar programas de adquisición de hábitos de alimentación y autonomía.
- Desarrollar un espíritu crítico para saber qué se debe comer.
- Potenciar habilidades sociales y de comunicación, así como el buen comportamiento y normas de convivencia establecidas en el momento de comer.
- Habituar en la medida de lo posible al ACNEE a nuevas texturas y sabores.

 Actividades

7. Elabore un mural con pictogramas en el que se desgrane cada paso del lavado de manos.
8. ¿Qué normas de comportamiento y de convivencia cree que son fundamentales en el contexto del comedor escolar?

4. Mobiliario y materiales a utilizar: características

Los primeros problemas que surgen en muchos casos de integración es la eliminación de barreras arquitectónicas. Los espacios educativos del centro han de poder permitir al alumnado integrado la plena libertad de movimiento, utilizando una distribución flexible del espacio y del mobiliario en diferentes áreas y actividades.

En el Título IV de la LOE referido a los centros docentes, en su artículo 112, se hace referencia a los medios materiales y humanos donde se dice que:

Corresponde a las Administraciones educativas dotar a los centros públicos de los medios materiales y humanos necesarios para ofrecer una educación de calidad y garantizar la igualdad de oportunidades en la educación.

Dicha asignación quedará condicionada a la rendición de cuentas y justificación de la adecuada utilización de dichos recursos.

Posteriormente en el artículo 122 modificado por la Ley Orgánica 3/2020, de 29 de diciembre (LOMLOE) se trata de manera más específica el tema de los recursos señalando en el punto 2 que:

Las Administraciones educativas podrán asignar mayores dotaciones de recursos a determinados centros públicos o privados concertados en razón de los proyectos que así lo requieran o en atención a las condiciones de especial necesidad de la población que escolarizan.

Dicha asignación quedará condicionada a la rendición de cuentas y justificación de la adecuada utilización de dichos recursos.

Teniendo en cuenta esta normativa se podría decir que el equipamiento ha de entenderse como un elemento de apoyo al buen funcionamiento de un centro educativo, por lo que se tendrá en cuenta:

- El propio edificio.
- El alumnado que será el usuario del mobiliario y a quien se destina el material.
- La organización interna del centro escolar.

Los edificios y su equipamiento deben caracterizarse por la adaptabilidad y la flexibilidad.

Entendiendo estas como:

■ La adaptabilidad es la propiedad de un edificio para admitir cambios en sus infraestructuras, desplazamientos de la edificación, eliminación o adición de elementos constructivos, etc.
■ La flexibilidad hace referencia a la cualidad de una estructura que permite la variación de servicios y dependencias, es decir, cambios en la distribución interior de las edificaciones.

Por tanto se puede decir que a la hora de construir el edificio escolar se ha de tener en cuenta variables como la ubicación, orientación, estructura, distribución de los espacios, condiciones acústicas, iluminación, ventilación y sistemas de calefacción y aire acondicionado.

Pero sin olvidar que se ha de edificar de la forma más adaptada posible para todo tipo de discapacidad, construyendo así por ejemplo:

■ Rampas: que deberán tener la longitud, pendiente y forma adecuadas en correspondencia a los escalones que debe salvar.
■ Ascensor: la botonera debe estar en la zona de alcance, con botones en escritura *braille* y tener un contraste adecuado con el fondo. También se debe considerar si la cabina del ascensor tiene capacidad suficiente para el especialista de apoyo que acompañe al ACNEE en ese momento determinado.
■ Salva-escaleras con plataforma: son dispositivos que tienen una plataforma abatible sujeta a uno o más raíles y que siguen la forma y el ángulo de la escalera.
■ Para el alumnado con ceguera o discapacidad visual las diferencias de nivel deben estar marcadas por diferencias de colores y texturas.
■ Poner puntos de luz en los sitios claves para controlar los posibles deslumbramientos.
■ Los escolares con discapacidad intelectual pueden precisar que la información se muestre con pictogramas que estén situados a una altura adecuada y poner especial atención en la seguridad.

- Utilizar suelos no deslizantes.
- Etc.

Salva-escaleras con plataforma

Una vez que se tiene el centro educativo adaptado y el ACNEE puede acceder y desplazarse por él, independientemente de las ayudas técnicas que utilice, la cuestión esencial a resolver es cómo va a permanecer este alumnado en el comedor escolar. Por tanto, ahora se describe qué mobiliario y qué materiales se van a utilizar.

4.1. Mobiliario del comedor escolar

El mobiliario del comedor escolar podría considerarse como aquellos muebles que requiere un/una alumno/a para la alimentación en el contexto del comedor, considerando las características individuales propias del ACNEE (altura, control postural, etc.) de forma que permita su atención y concentración para realizar la actividad de la forma más autónoma posible y fomentando establecer relaciones sociales satisfactorias, tanto con los iguales como con los educadores.

Cuando se hace referencia al mobiliario del comedor se puede decir que por norma general la mayoría de los centros cuentan con:

- Mesas grandes con suficiente espacio para todo el alumnado.
- Sillas para todo el alumnado.
- Estanterías para la colocación de cubiertos, vasos, bandejas, jarras, servilletas, etc.
- Percheros y/o taquillas para que el alumnado guarde de manera ordenada sus pertenencias.
- Mesa caliente de distribución de comida.
- Nevera.
- Etc.

Mobiliario del comedor escolar

Este mobiliario será susceptible a posibles adaptaciones dependiendo de las necesidades del ACNEE. Las adaptaciones más comunes serán las que se realicen en cuanto, a:

- Altura de perchas, armarios, estantes, etc.
- Distribuir físicamente los espacios de manera que se faciliten los desplazamientos y giros en la silla de ruedas, andadores, etc.
- Señalizar la puerta con un pictograma que haga alusión a la actividad del comedor.
- Ubicar estratégicamente al ACNEE cerca de la ventana para que tenga más luz natural en un sitio al que pueda acceder con facilidad, y que fomente la interacción y comunicación con el resto del alumnado.

- Que pueda salir a repetir algún plato y dirigirse a la mesa caliente de distribución de alimentos de forma autónoma.

Pero estas adaptaciones pueden no siempre resultar suficientes y se han de proponer otras de mayor envergadura para atender las necesidades de cada alumno/a en particular. No sirven modelos estándar. Hay que estudiar cada caso de forma individual y probar diferentes adaptaciones.

El diseño y la decisión de las adaptaciones a realizar serán interprofesionales. Conviene recabar toda la información posible por parte de las familias, del profesorado, y cómo no, del propio interesado, ya que quien más sabe sobre su discapacidad es quien la padece. Son los ACNEE quienes en muchas ocasiones informarán si están cómodos, seguros, etc.

Estos ajustes deben ser prácticos y sencillos ya que no siempre lo más sofisticado resulta más útil, sino que por el contrario puede empeorar la actitud que adopta la persona con discapacidad hacia el recurso y aumentar el coste del producto.

Algunas de las adaptaciones específicas que supone la modificación del diseño en cuanto al mobiliario del comedor podrían ser:

- La altura de la mesa para permitir el apoyo de los antebrazos sin realizar posturas forzadas de columna y hombros. Para ello se considerará:

  - Si la persona es usuaria de silla de ruedas. La altura de la mesa y de la mesa caliente de distribución del alimento debe ser suficiente para aproximarse introduciendo los reposabrazos debajo.
  - Si se puede proporcionar al alumnado mesas que tengan una superficie con un tapete antideslizante.

- Modificar el asiento, ya que este debe procurar los controles posturales necesarios. Para ello se podrá usar:

  - Asiento con altura y profundidad que permitan apoyar correctamente los pies en el suelo.

- Reposabrazos adecuados para ayudar a mantener el equilibrio del tronco.
- Anchura y profundidad de asiento y respaldo que se corresponda con las características antropométricas de la persona.

- El tamaño de las puertas no solo ha de tener en cuenta la anchura que tiene el andador o silla de ruedas, sino la que se necesita para que el ACNEE y su educador puedan acceder al comedor al desplazarse.
- Manillas adecuadas para las puertas en vez de pomos si hay problemas de destreza.
- El color de las puertas y manillas contrastado con el fondo para una mayor percepción de estas.
- Que en las estanterías en vez de puertas se tengan cajones o gavetas para facilitar el alcance de los objetos del interior.
- Colocar barras o pasamanos a la altura y en la posición adecuada ayudará a que una persona con dificultad para los desplazamientos camine de forma más cómoda y segura.
- Usar carritos para el traslado de los utensilios y la comida de la mesa caliente de distribución de comida a la mesa del comedor.
- Bordes y esquinas de las superficies (muebles, asientos, estantes, etc.) redondeados, sin partes salientes o cortantes y fáciles de limpiar.
- Etc.

Tipos de bandeja para el traslado de utensilios y comida

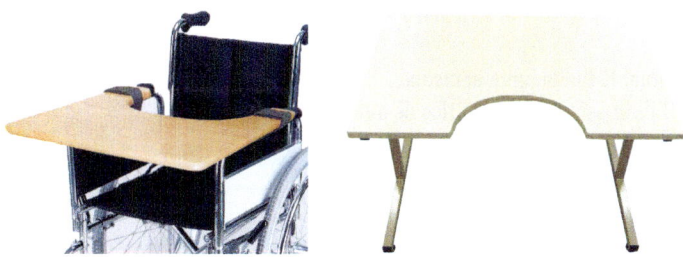

Aplicación práctica

Fernando es un ACNEE con parálisis cerebral que acude al comedor escolar. Se detecta que tiene dificultad para el lavado de manos. En el dictamen de escolarización se recoge que tiene una parálisis cerebral de tipo espástica de intensidad severa con notables problemas manipulativos. No tiene otros trastornos asociados, por lo que la comprensión del entorno es buena. ¿Qué adaptaciones de mobiliario cree que necesita?

SOLUCIÓN

En primer lugar es necesario que el lavabo que utilice Fernando sea adecuado en cuanto a altura y profundidad considerando si tiene o no tiene pie.

I Cuando el aseo no pueda realizarse de pie por falta de equilibrio, fatiga, contraindicaciones, etc., el lavabo deberá tener suficiente altura libre inferior para facilitar el acercamiento frontal sentado. Los lavabos muy hondos dificultan el acercamiento.
I Existen también lavabos regulables en altura que permiten ajustarlos de forma individualizada a las dimensiones de los usuarios y a las de las personas con las que conviven.

En segundo lugar, en cuanto a la utilización del jabón, la dificultad principal está en la sujeción de la pastilla de jabón con las manos húmedas. Para facilitar esta tarea se podría utilizar:

I Dispensadores de jabón por infrarrojos que se accionan al situar las manos bajo la salida de jabón. Pueden ser portátiles o de pared.
I Dispensadores de jabón por palanca que también pueden ser portátiles o de pared.

Y para concluir la actividad de lavado de manos se tiene que considerar que el secado de manos requiere sujetar la toalla y efectuar el secado. Para facilitar esta acción se podría:

I Situar la toalla junto al lavabo.
I Utilizar secamanos eléctrico de aire con pulsador o automático.

4.2. Materiales del comedor escolar

La organización de los materiales en el comedor debe facilitar la autonomía e independencia de los niños y niñas, evitando en la medida de lo posible la dependencia de la persona adulta.

Se encontrarán en lugares accesibles para el ACNEE de manera que puedan ser percibidos y utilizados por ellos de forma autónoma, con eficacia, seguridad y comodidad.

Se colocarán ordenadamente y de forma que permita saber su ubicación y facilite su colocación posterior, favoreciendo la creación de hábitos de orden.

Para ello, el especialista de apoyo en el comedor deberá hacer una planificada y cuidada disposición de los materiales y así facilitar la utilización de los mismos teniendo en cuenta las siguientes premisas:

- **La accesibilidad.** Hay que colocar los materiales de forma que los/as niños/as puedan alcanzarlos, manejarlos o llevarlos a otro lugar. Se situarán más próximos aquellos que hayan de ser utilizados cotidianamente y se evitará que estén apilados.
- **La visibilidad.** La claridad visual y el fácil acceso permiten que el ACNEE retome y coloque de nuevo los materiales con la misma facilidad con que los tomó, de modo que permanezcan ordenados y disponible para su uso.
- **Que estén bien clasificados** para favorecer la autonomía. Los criterios que se adopten para clasificarlos han de ser de fácil comprensión por parte del ACNEE. Además esta clasificación facilita el control y el estado del material y mejora la ordenación y distribución de acciones.
- **El etiquetado** debe permitir que todo el material vuelva al lugar correspondiente después de su uso. Este se realizará mediante pictogramas que puedan ser aumentados en función de las necesidades visuales del ACNEE.
- **La distribución** en las distintas zonas de trabajo en que serán utilizados deberá permitir mayor autonomía a los ACNEE y un mejor aprovechamiento de los materiales con las mínimas interferencias.

En todos los ámbitos en los que se utilicen materiales de apoyo adaptados estos deben ser:

- Necesarios y eficaces.
- No deberán restringir las capacidades del usuario.
- No estarán contraindicados.

- Serán de fácil obtención con una buena relación calidad–precio.
- Serán de fácil manejo, bien por el usuario, bien por el especialista de apoyo (aunque en muchos casos sea necesario un profesional que le enseñe a utilizarlos adecuadamente).
- Por supuesto, el usuario debe participar en esta elección.

Por tanto, el educador o especialista de apoyo en el comedor deberá analizar, cuestionar y vigilar que los materiales y objetos que se le ofrezcan al modificaciones que sean aconsejables en cada momento.

Ejemplo de etiquetado para cubiertos

Cubiertos

No se debe olvidar que los productos de apoyo comprenden una amplia variedad de material que va desde, por ejemplo, utensilios simples como el engrosamiento del mango de un cubierto, al más sofisticado sistema de acceso al ordenador, y por tanto, si uno de ellos no es el más adecuado para un tipo de necesidad concreta siempre habrá otro que se adecúe mejor a su casuística personal.

Las modificaciones o adaptaciones más comunes del material a utilizar por el ACNEE en el comedor son:

- En cuanto a platos y bandejas:

  - Platos hondos que contienen mejor los alimentos.
  - Colocar la comida siempre en la misma disposición y explicarla.
  - Utilizar platos con rebordes o con bordes verticales.
  - Calzaplatos para colocarlos debajo del plato e inclinarlo.
  - Platos con el fondo inclinado.
  - Tapetes antideslizantes bajo los platos.

■ En cuanto a los cubiertos:

▮ Cubiertos que tengan función de cortar y pinchar (cuchillo bascu-lante, tenedor y hoja circular cortante, tenedor con cuchillo, etc.).

▮ Tenedores en los que uno de sus bordes esté afilado.

▮ Cuchillos en forma de balancín con el mango perpendicular a la hoja.

▮ Cubiertos con el mango de diferente grosor, peso, forma, angulación, longitud, para diestros o zurdos, etc.

▮ De cucharas blandas de silicona, de plástico, metálicas recubiertas de material blando.

▮ De sujeción palmar (donde se introduce el mango del cubierto).

▮ Etc.

■ En cuanto a los vasos:

▮ Existen vasos con una o dos asas.

▮ Con tapa con pico o con un agujero para pajitas.

▮ Con escotadura para la nariz o pico.

▮ Vasos antiderrame con pipeta que controla el flujo de líquido.

▮ Pajitas con sistemas antiretorno.

▮ Pajitas con doblez.

Varios vasos adaptados y calzaplatos

 **Actividades**

9. Dibuje un croquis del comedor escolar indicando las zonas que son susceptibles de modificaciones en cuanto a su mobiliario.
10. Busque información sobre qué se especifica en las leyes educativas acerca de los materiales y analícelas.

4.3. Características generales del mobiliario y materiales a utilizar en el comedor

Una vez conocidas las adaptaciones que se precisan en el comedor escolar en lo que respecta a mobiliario y materiales se deberá considerar cuáles han de ser sus características generales.

El mobiliario y los materiales del comedor son similares al de las aulas en cuanto a sus particularidades y se ha de tener en cuenta que:

- Deben ser adecuados a la medida de uso del ACNEE (de su estatura, de su manejo, su adaptabilidad, etc.).
- Tienen que estar hechos de materiales de buena calidad.
- No será conveniente recargar los espacios, ya que puede entorpecer la movilidad.
- Las superficies han de ser lavables y resistentes.
- Han de fomentar la autonomía reduciendo la presencia, ayuda y dirección del adulto.
- Será siempre preferible optar por aquellos muebles de tipo abierto de forma que los materiales que contengan sean fácilmente visibles y accesibles.
- Deben estar colocados estratégicamente por los distintos espacios de uso cotidiano para que se encuentre todo lo que les haga falta a su alcance.

Nota

Los recursos materiales son el soporte requerido para facilitar una adecuada atención al ACNEE. Desde la Administración se impulsará la elaboración de materiales, dinamizando el empleo de los mismos así como del equipamiento técnico específico.

5. Análisis de programas de autonomía y hábitos en la alimentación

El modelo de programas se presenta como una forma de intervención eficaz para hacer efectivos dos de los principios de la acción educativa:

- Prevención o proactividad.
- Intervención social y educativa.

Un programa de intervención puede definirse como la acción colectiva del equipo interdisciplinar, junto con otros miembros de la comunidad educativa, para el diseño, implementación y evaluación de un plan destinado a la consecución de unos objetivos concretos en un medio socioeducativo en el que previamente se han determinado y priorizado las necesidades de intervención.

Entre las características generales de la intervención mediante programas educativos se puede resaltar que:

- Permite la consecución de objetivos globales de desarrollo del alumnado.
- Favorece la integración e intervención en las experiencias cotidianas de aprendizaje.
- Facilita la participación de todos los agentes educativos con funciones claramente delimitadas.
- Mejora la relación de la escuela con su entorno.
- Garantiza su calidad y adaptación a las verdaderas necesidades a partir de la evaluación de los efectos y resultados obtenidos.
- Atiende las necesidades de formación de los propios ejecutores de la intervención.

La intervención por programas es la actuación que mejores resultados puede proporcionar al sistema educativo, pues asume los principios de prevención, desarrollo e intervención social, y le da un carácter educativo y social a la vez que implica a diferentes agentes educativos y de la comunidad.

Las potencialidades del modelo de programas suponen:

- Un reconocimiento legal. Debe garantizar a todo el alumnado la igualdad de oportunidades y la inclusión educativa.
- Las acciones parten de un carácter preventivo y deben tener un carácter anticipatorio.
- Garantiza el trabajo en equipo en el que cada uno de los miembros implicados realiza aportaciones desde su cualificación y perspectiva profesional.
- El sentido cooperativo y complementario del programa, pues se implican y participan tutores/as, profesorado de apoyo, familias y alumnado (rebasando incluso el marco escolar).
- Su contribución a la dinamización pedagógica, a la innovación educativa y a la mejora de la calidad de la enseñanza.
- Facilita la especialización en un ámbito de trabajo como puede ser la autonomía personal y hábitos de alimentación, permitiendo así la respuesta más ajustada a las necesidades de los centros y sus componentes.

Estos programas han de venir recogidos en el Proyecto Educativo de Centro tal y como se establece en el artículo 121 de la Ley Orgánica 2/2006, de 3 de mayo, dicho artículo queda modificado por la Ley Orgánica 3/2020 de 29 de diciembre, de la siguiente manera:

1. *El proyecto educativo del centro recogerá los valores, los fines y las prioridades de actuación, incorporará la concreción de los currículos establecidos por la Administración educativa, que corresponde fijar y aprobar al Claustro, e impulsará y desarrollará los principios, objetivos y metodologías propios de un aprendizaje competencia orientado al ejercicio de una ciudadanía activa. Asimismo, incluirá un tratamiento transversal de la educación en valores, del desarrollo sostenible, de la igualdad entre mujeres y hombres, de la igualdad de trato y no discriminación y de la prevención de la violencia contra las niñas y las mujeres, del acoso y del ciberacoso escolar, así como la cultura de paz y los derechos humanos.*

2. Dicho proyecto estará enmarcado en unas líneas estrategias y tendrá en cuenta las características del entorno social, económico, natural y cultural del alumnado del centro, así como las relaciones con agentes educativos, sociales, económicos y culturales del entorno. el proyecto recogerá, al menos, la forma de atención a la diversidad del alumnado, medidas relativas a la acción tutorial, los planes de convivencia y de lectura y deberá respetar los principios de no discriminación y de inclusión educativa como valores fundamentales, así como los principios y objetivos recogidos en esta Ley y en la Ley Orgánica 8/1985/, de 3 de julio, Reguladora del Derecho a la Educación, especificando medidas académicas que se adoptaran para favorecer y formar en igualdad particularmente de mujeres y hombres.

5.1. Diseño, ejecución y evaluación: protocolos de actuación

Con la implantación de un programa de autonomía y hábitos en la alimentación se espera una mejoría en las condiciones y la calidad de vida de los ACNEE involucrados en el programa.

De esta manera el proyecto o diseño del programa se transforma en una "apuesta", una hipótesis de intervención en el comedor escolar y en el hogar para producir una mayor autonomía en el alumnado, que es el objetivo.

Se puede decir entonces que hay una lectura previa sobre la realidad y en base a ella se han de planificar unas actuaciones (diseño) que posteriormente se han de ejecutar y evaluar para ver el resultado que se espera, provocando así un cambio hacia una situación mejor.

Así y de manera más específica se mostrará cada una de esas fases.

Diseño

El diseño de un programa no deja de ser un proyecto en el que se expone el conjunto de actuaciones que se pretenden desarrollar, determinando unos objetivos que sirvan para dar respuesta a unas finalidades (necesidades identificadas) mediante procedimientos y actuaciones concretas, relacionando acciones de las que se responsabilicen determinados agentes implicados para las cuales se determinan criterios de evaluación.

Además, en el diseño del programa se plantearán los materiales específicos de apoyo para el desarrollo del mismo. Posteriormente se someterá a continua evaluación, obedeciendo a la necesidad de evitar un mal funcionamiento de su ejecución mediante actuaciones aisladas y puntuales.

Es por eso por lo que se dice que un programa debe ser un proceso dinámico abierto, continuo e interdisciplinar capaz de articular actuaciones, contenidos y metodologías en función de los objetivos y agentes implicados.

Concretamente, para la elaboración de un programa de autonomía y enseñanza de habilidades básicas (dentro de las cuales se podría incorporar la alimentación) hay que concretar varios aspectos derivados directamente de aquellos a los se dirige el programa y de los objetivos que se persiguen.

Por tanto se debe preguntar: ¿quiénes serán los destinatarios del programa? En este caso será un alumno o grupo de alumnos que tienen unas necesidades de atención mayores debido a sus limitaciones personales derivadas de una discapacidad o trastorno grave de conducta, y cuya dependencia y autonomía vendrá definida en los dictámenes de escolarización.

Desde el programa se pretenderá trabajar habilidades básicas para la alimentación y autonomía tratando de alcanzar las siguientes finalidades generales:

- Optimizar el mayor número de logros.
- Conseguir el máximo nivel de satisfacción y bienestar físico y psíquico.
- Alcanzar mayores posibilidades de integración social y participación activa y real en la comunidad.

Más específicamente, el programa de autonomía y hábitos en la alimentación puede pretender los siguientes objetivos:

- Ofrecer al alumnado las adaptaciones que necesita, tanto por sus necesidades específicas, como por las características y demandas del entorno del comedor y los patios donde se llevará a cabo el programa.
- Brindarle una atención individualizada adecuada a sus características psicoevolutivas y nivel de desarrollo madurativo.

- Asegurar la continuidad del programa atendiendo a la coherencia de actuación entre las distintas personas participantes en el proceso de la autonomía en cuanto a la alimentación (padres, madres y equipo interdisciplinar principalmente).
- Enseñar y desarrollar en el alumnado todos aquellos conocimientos, habilidades y actitudes que le van a permitir dar cumplida respuesta a las demandas que se le exigen en la sociedad en la que se encuentra inmerso y donde se desenvuelve durante las distintas etapas de su desarrollo.

Estos objetivos propuestos son muy generales y se deberán modificar y clasificar en función de las necesidades del ACNEE.

Una vez propuestas las necesidades de los destinatarios y los objetivos se deberán planificar cuáles serán las áreas de intervención y las pautas de actuación, siendo estas las que se precisen para que el ACNEE actúe de manera independiente en el entorno donde se desarrollará el programa: el comedor escolar y el patio. Además se tendrá en cuenta la planificación y utilización de los recursos personales y materiales.

Estas áreas están referidas a la autonomía personal, al área motriz (principalmente con la consecución de la marcha autónoma y en la manipulación de los cubiertos), a la autonomía social y al área cognitiva (para conseguir las habilidades y actitudes básicas).

La puesta en marcha de las actuaciones se llevará a cabo siguiendo unos protocolos planificados con anterioridad en el programa donde se especifican las fases a seguir, así como los responsables en cada una de estas fases.

Finalmente se diseñará una evaluación del programa en el que se valoren tanto los procesos como los resultados a través de los criterios de evaluación, y para los que se recogerá información a través de distintos instrumentos de evaluación como pueden ser los registros anecdóticos o la propia observación.

Con esta evaluación, además de valorar las actuaciones desarrolladas, se incluirán propuestas de mejora para, si es necesario, redefinir objetivos.

En resumen se puede decir que el diseño de un programa de autonomía y hábitos de alimentación, al igual que cualquier otro programa, debe prever como mínimo los siguientes puntos:

Adaptados de un diseño de programa

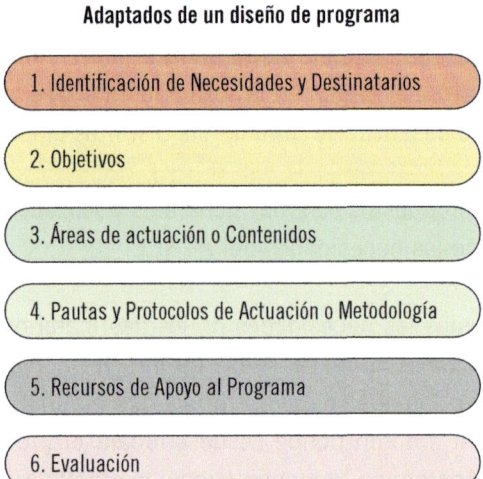

1. Identificación de Necesidades y Destinatarios

2. Objetivos

3. Áreas de actuación o Contenidos

4. Pautas y Protocolos de Actuación o Metodología

5. Recursos de Apoyo al Programa

6. Evaluación

Ejecución

Cuando se habla de la ejecución del programa se hace referencia a la pregunta: ¿cómo actuar? Para darle respuesta cabe decir que en los programas de autonomía y hábito en la alimentación, por su marcado carácter práctico, se empleará un método de enseñanza activo y participativo en el que en momentos determinados se proporcionará la ayuda necesaria utilizando la táctica del "desenvolvimiento marcha atrás", ofreciendo cada vez menos apoyo al alumnado hasta que llegue a realizarlo de manera totalmente autónoma.

Habrá que regirse por el principio de flexibilidad puesto que será susceptible a cambios o modificaciones que retroalimenten el proceso cuando sea necesario.

El papel que ocupen los profesionales en el desarrollo de este tipo de programas y la coordinación que exista entre ellos debe ser fundamental y requerirá de aunar métodos, estrategias y recursos para que la ejecución del programa se lleve a cabo de manera adecuada y así poder alcanzar los objetivos propuestos.

Además, el equipo interdisciplinar (o los distintos profesionales) se deberá encargar de registrar los progresos o incidencias para fomentar la adquisición de hábitos de alimentación por parte del ACNEE y promover su autonomía en un ambiente de comprensión, tolerancia, constancia y motivación.

Es decir, la idea será la de evitar las respuestas negativas o reacciones represivas que provoquen en el alumnado sentimiento de vergüenza y que pueda conducir a un serio retroceso en su aprendizaje.

Evaluación

La evaluación no deja de ser una actividad valorativa a partir de criterios y referencias preespecificados en el diseño del programa y que se realiza a través de una recogida sistemática de información mediante los instrumentos de evaluación para la mejora continua de la enseñanza.

Es la última etapa del ciclo de diseño y de realización de un plan o programa que consiste en la emisión de un juicio tras la recogida de la información suficiente.

Se debe hacer notar el carácter de herramienta al servicio de los objetivos educativos exigiéndole a la evaluación que sea continua y formativa, razón por la que permite extraer el máximo potencial de mejora a esta función educativa.

Pero, ¿qué aspectos se deben tener en cuenta a la hora de evaluar un programa?

1. ¿Qué se va a evaluar? Se deberán evaluar tanto los procesos como los resultados, es decir, el cómo se han llevado a cabo las actuaciones y el aprendizaje del alumnado.
2. ¿Cuándo se va a evaluar? La evaluación es un proceso permanente por lo que se realizará:

   a. **Evaluación inicial:** donde se detectarán las necesidades y capacidades del ACNEE.
   b. **Evaluación continua o procesual:** donde se irán valorando si, tal y como se preveía, las actuaciones están siendo las adecuadas.

  c. **Evaluación final:** donde se analizará en profundidad todo el programa para luego realizar un informe o memoria que deberá adjuntarse en el documento de memoria final de curso del centro escolar.

3. ¿Quiénes evaluarán? En la evaluación participarán todos los agentes implicados en el programa, es decir, todos los especialistas que formen parte del equipo interdisciplinar, los familiares e incluso el ACNEE, ya que ellos mismos han de ser los protagonistas principales de su propio aprendizaje.
4. ¿Cómo se evaluará? Con procedimientos e instrumentos de recogida de información previamente diseñados en el programa.
5. ¿Para qué se evaluará? Para conocer con certeza si se han cumplido los objetivos propuestos con la finalidad de proponer mejoras y reformular los objetivos si fuese necesario.

Actividades

11. Indique qué significa que la evaluación sea una actividad valorativa.

Por último, pero tal vez lo más importante en tanto que representa una cuestión de principio, a la evaluación se le atribuyen tres características derivadas de todo lo anterior que le dan especial alcance. La evaluación es:

- **Integral:** la evaluación además de abarcar la realidad educativa entera lo debe hacer de modo armónico y al servicio de una gran meta común: la mejora de la persona.
- **Integrada:** es una consecuencia de la anterior. La evaluación es un elemento más, junto al resto, y por ello en necesaria armonía con todos los componentes y al servicio de esa finalidad. Nunca debe quedar relegada a una actividad añadida o extrínseca.
- **Integradora:** da a la evaluación una dimensión activa y dinámica, debiendo proporcionar respuestas de mejora en un sistema integralmente concebido y organizado.

Proceso de evaluación

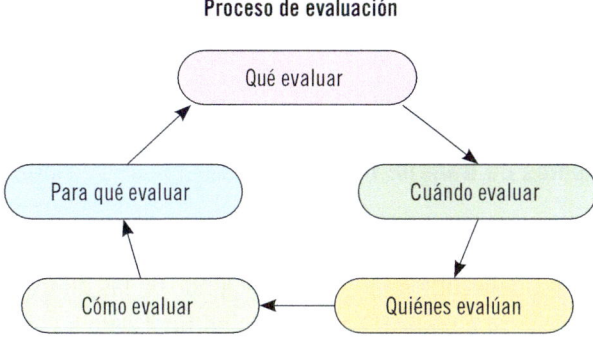

Protocolos de actuación

Un protocolo de actuación podría definirse como un conjunto de estándares, normas y formatos para el intercambio de datos que asegura la uniformidad de las distintas actuaciones de un programa.

Es una herramienta útil y consensuada por parte de todos los agentes implicados en un programa para poder llevar a cabo de forma coordinada y eficaz las actuaciones a desempeñar con los destinatarios.

La puesta en marcha de estrategias de colaboración, de distribución de roles, de reparto de funciones y otras a las que conduce el abordaje conjunto de una tarea constituyen un sistema interaccional de trabajo cooperativo.

Es por ello que podría decirse que a la hora de confeccionar o ejecutar los protocolos de actuación se han de cumplir los siguientes objetivos:

- Promover comunicaciones funcionales entre todos los participantes del programa.
- Abordar los problemas en términos sistémicos y globales.
- Debe dar respuestas claras con respecto a problemas e informar de posibles alternativas.
- Facilita la intervención de todos los agentes educativos con funciones claramente delimitadas.
- Garantiza la eficacia y armonía a las verdaderas necesidades a partir de la evaluación de los efectos y resultados obtenidos.

- No debe fomentar las conductas competitivas entre el equipo interdisciplinar.

5.2. Documentos de trabajo: registros

Realizar un apropiado seguimiento de esta labor ayuda a determinar lo posibles fallos o desajustes que se estén produciendo en las diferentes actuaciones sin tener que esperar a realizar una valoración final para su reformulación, por lo que se puede decir que da la oportunidad de corregir las acciones en el momento de forma procesual y continua.

Por otro lado, también muestra aquellos procesos que tienen lugar de forma adecuada y las posibles mejoras a las que pueden ser sometidos.

Como todo elemento del proceso de formación, el seguimiento formativo es susceptible de ser planificado, ya que no debe ser algo que se realice de forma arbitraria, sino que debe estar pensado y planteado desde antes que comience la acción de formación.

Resumiendo lo comentado anteriormente se puede decir que las finalidades del seguimiento formativo son:

Finalidades del seguimiento formativo

- Ayuda a entender qué ciertas cosas y qué puede hacerse para intervenir en el proceso
- Identificar y solucionar problemas que surjan
- Contribuir a la elaboración de unos planes de formación realistas y saberse ceñir a ellos
- Ayudar a reducir y controlar el uso de los recursos materiales
- Establecer el nivel que puede alcanzar el rendimiento y relacionarlo con el rendimiento actual

Manual del formador ocupacional, Ruíz Gil (2002)

El seguimiento del plan o programa de formación permitirá tener información actualizada sobre cómo se está ejecutando.

Son varias las técnicas que se pueden utilizar para llevar a cabo un adecuado seguimiento del programa recabando y analizando los datos necesarios para ello.

Los instrumentos variarán dependiendo del tipo de información que se necesite al respecto. Entre las técnicas e instrumentos se destacan:

- Cuestionarios de satisfacción
- Observación sistemática
- Reuniones formales e informales
- Formularios de evaluación
- Registros
- Etc.

Registros

Es una breve descripción de un suceso, incidente, hecho significativo o comportamiento del alumno observado que de algún modo sea importante para los fines de la evaluación.

Por lo tanto, es un conjunto de notas o diario que describe un aspecto importante y que contiene fundamentalmente datos de la situación observada, una descripción y un comentario.

En él se describe una corta historia de un incidente, intentando que esta sea lo más objetiva posible, sin usar términos que pudiesen evidenciar prejuicios.

Las características de estos registros son las siguientes:

- Consiste en narrar un suceso del alumno a evaluar. No está previamente preparado, sino que es eventual.
- Este registro se realiza en la mayoría de los casos de forma individual.
- Se basa en una observación no sistematizada: el especialista de apoyo educativo en el comedor no planifica ni el momento en el cual va a realizar

la observación ni qué es lo que va a observar. El hecho registrado ocurre de forma espontánea, tomando en consideración el patrón conductual habitual en el escolar.

- Se realiza en cualquier momento durante la permanencia del niño en el comedor escolar.
- El observador cuenta las actuaciones de importancia para que la información registrada pueda ser utilizada de forma correcta.
- Pretende dar explicaciones sobre las causas por las que se produjo dicha conducta y relacionarla con otros hechos ocurridos en el momento previo. Estas explicaciones son de gran relevancia para la valoración del niño, pero se han de intentar anotar de manera aislada al hecho en sí, ya que de lo contrario podría distorsionar los hechos objetivos.
- No tiene relación con la planificación de actividades: en él se plantean observaciones no estructuradas, con lo que se convierte en un valioso instrumento cuando se trabaja un programa centrado en el ACNEE.
- Se utiliza básicamente (aunque no en forma exclusiva) para registrar conductas ya sean positivas o negativas.

Respecto a qué conceptos debe integrar un registro anecdótico, estos se describen a continuación:

- La fecha.
- La hora.
- Datos del alumno.
- Contexto de la observación.
- Descripción de lo observado.
- Interpretación de lo observado.

Otra de las cuestiones es cómo se debe realizar correctamente un registro anecdótico. Se recomienda:

- Ser lo más objetivo posible.
- Registrar únicamente aquellos episodios o comportamientos que resulten claves para la consecución de un correcto seguimiento.
- No dejar que transcurra mucho tiempo entre la incidencia y la redacción del registro, ya que pueden olvidarse detalles importantes.
- Debe ser comprensible, resumido y exacto.

- No sacar resultados apoyados en los datos de una sola observación. Se han de reunir varias anécdotas de un mismo alumno. Una anécdota aislada tiene muy poca trascendencia.

Finalmente, en cuanto a las ventajas de la utilización de los registros podrían enumerarse las siguientes:

- Permite el registro de comportamientos importantes que sirven para el análisis y comprensión de los logros o necesidades del ACNEE.
- Posibilita el seguimiento de conductas acerca del desarrollo de ciertos objetivos (muchos de los cuales no se prestan a una medición).
- El especialista de apoyo en el comedor escolar puede observar con detenimiento a un solo alumno y utilizar la información obtenida como complemento de los datos cuantitativos proporcionados por otros profesionales.
- Además de la descripción exhaustiva del ACNEE observado dentro de un contexto natural, el registro posibilita entender y orientar mejor.
- Las anécdotas proporcionadas por varios agentes educativos pueden ser recogidas y resumidas por el tutor/a y así podrán ser equiparadas con el fin de proyectar más luz a la resolución de los problemas que puedan surgir durante el programa.

 Aplicación práctica

Marta, como especialista de apoyo en el comedor, colabora en el programa de autonomía y hábitos de alimentación y una de sus principales funciones es la de preparar registros anecdóticos con el fin de realizar un posterior análisis de todos ellos y hacer el seguimiento del programa.

Para ello ha decidido confeccionar una plantilla que le sirva de modelo a la hora de recoger la información de la manera más objetiva posible. ¿Cómo cree que debería de ser esa plantilla? Elabore una como ejemplo.

Continúa en página siguiente >>

<< Viene de página anterior

SOLUCIÓN

Un ejemplo de plantilla podría ser el siguiente:

Registro anecdótico	
Alumno/a: Observador/a:	Lugar/Contexto: Fecha y Hora:
Incidente:	
Interpretación:	
Observaciones:	

6. Resumen

Cuando se habla de ACNEE se ha de tener en cuenta que siempre se trata de dar respuesta a una necesidad primordial. Esta no es otra que aspirar a tener una independencia y autonomía tal, que le permita alcanzar una integración social en el contexto en el que está inmerso.

Así pues, un programa de autonomía y hábitos de alimentación ha de basarse en dos premisas fundamentales:

- Potenciar al máximo las posibilidades del escolar facilitándole el desenvolvimiento en el contexto escolar y familiar.
- Posibilitar a largo plazo su desarrollo en el medio social e integración activa y participativa en el mismo.

Concretamente, antes de diseñar un programa se han de detectar las necesidades y capacidades personales del ACNEE en cuanto a desplazamientos, manipulación, comunicación, deglución, sedestación, control esfinterial, crisis convulsivas, alergias, medicación, etc.

En cuanto al diseño del programa se ha de procurar que al menos contenga los siguientes apartados:

1. Identificación de necesidades y destinatarios.
2. Objetivos.
3. Áreas de actuación o contenidos.
4. Pautas y protocolos de actuación o metodología.
5. Recursos de apoyo al programa.
6. Evaluación.

Todo ello en aras de que su posterior puesta en macha (ejecución) y evaluación sean un éxito y consigan producir el cambio mediante la estructuración de retroalimentaciones positivas entre todos los agentes que participan en el programa.

Ejercicios de repaso y autoevaluación

1. **Complete los espacios libres de la siguiente frase:**

   Según la LOE (Ley Orgánica 3/2020, de 29 de diciembre) se entiende por ACNEE (Alumnado con Necesidades Educativas _____) a aquel que requiera, por un periodo de su _____ o a lo largo de toda ella, determinados _____ y atenciones educativas específicas derivadas de una _____ o de _____ _____ __ _____.

2. **La enseñanza de habilidades básicas y hábitos de autonomía, dentro de las cuales estaría la alimentación, ¿qué objetivo persigue?**

   a. Potenciar al máximo las posibilidades del sujeto y posibilitar su desarrollo en el medio.
   b. Facilitar a corto plazo el desenvolvimiento en el contexto escolar.
   c. La integración en el medio y la satisfacción personal.

3. **Indique si las siguientes frases son verdaderas o falsas.**

   a. Se debe prever cómo se llevará a cabo la interrelación y la comunicación del ACNEE con su grupo de iguales y con los monitores de apoyo que le asisten.

   ☐ Verdadero
   ☐ Falso

   b. A través del conocimiento de la manipulación que posee el ACNEE se podrá realizar la previsión del tipo de materiales que van a poder utilizar: bandejas, tenedor, cuchara, etc.

   ☐ Verdadero
   ☐ Falso

   c. El alumnado con dificultades en la deglución suele respirar por la nariz.

   ☐ Verdadero
   ☐ Falso

d. Las capacidades cognitivas son aquellas que se refieren a lo relacionado con el procesamiento del lenguaje.

☐ Verdadero
☐ Falso

4. ¿Qué son las alergias alimentarias?

_____
_____
_____
_____

5. Relacione los siguientes elementos:

a. Grado I.
b. Grado II.
c. Grado III.

___ Cuando la persona necesita ayuda para realizar varias actividades básicas de la vida diaria varias veces al día y, por su pérdida total de autonomía física, mental, intelectual o sensorial, necesita el apoyo indispensable y continuo de otra persona, o tiene necesidades de apoyo generalizado para su autonomía personal.

___ Cuando la persona necesita ayuda para realizar varias actividades básicas de la vida diaria dos o tres veces al día, pero no requiere el apoyo permanente de un cuidador, o tiene necesidades de apoyo extenso para su autonomía personal.

___ Cuando la persona necesita ayuda para realizar varias actividades básicas de la vida diaria al menos una vez al día, o tiene necesidades de apoyo intermitente o limitado para su autonomía personal.

6. Las rutinas permiten al ACNEE...

a. ... prevenir y anticiparse a situaciones.
b. ... orientarse en el tiempo y en el espacio.
c. ... reforzar hábitos que generalmente acompañan a la actividad del comedor.
d. Todas las opciones son correctas.

7. ¿Deben los profesionales de apoyo en el comedor asegurarse de que el ACNEE tome todo tipo de alimentos y que coman una cantidad suficiente de cada plato? ¿Cómo?

8. Los edificios y su equipamiento deben caracterizarse por la adaptabilidad y la flexibilidad. Defina estos dos conceptos.

9. ¿Cuál es el mobiliario del comedor escolar de referencia?

10. Termine la siguiente frase:

"Para el diseño y la toma de decisión de las adaptaciones a realizar conviene recabar toda la información posible por parte de...".

11. El especialista de apoyo en el comedor deberá hacer una planificada y cuidada disposición de los materiales y así facilitar la utilización de los mismos teniendo en cuenta...

    a. ... accesibilidad, flexibilidad, etiquetado, clasificación y distribución.
    b. ... adaptabilidad y etiquetado.
    c. ... etiquetado, distribución y clasificación.
    d. ... accesibilidad, visibilidad, clasificación, etiquetado y distribución.

12. Escriba al menos cinco materiales adaptados que se suelen utilizar en el comedor por el ACNEE.

_____
_____
_____
_____

13. ¿Qué es un programa de intervención?

_____
_____
_____
_____

14. ¿Qué puntos debe prever como mínimo un programa de autonomía y hábitos en la alimentación?

_____
_____
_____
_____

15. Complete los espacios libres de la siguiente frase:

"Un protocolo de actuación podría definirse como un _____ ___ _____, _____ _ _____ para el intercambio de datos que asegura la uniformidad de las distintas actuaciones de un _____".

Capítulo 2
Menús y dietas especiales de un ACNEE en el comedor escolar

Contenido

1. Introducción

La presencia de comedores escolares en los centros se ha de concebir como un elemento más del proceso educacional y socializador, proporcionándole a los educandos una ocasión inmejorable para desarrollar buenos hábitos alimentarios, y constituyendo una buena ocasión para probar alimentos desacostumbrados.

En las reuniones periódicas con los padres se pueden explicar los progresos hechos por el niño, sus gustos y hábitos alimentarios, y en este aspecto, como en el de orientar sobre los cuidados que debe recibir el ACNEE, son los técnicos de apoyo los que constituyen el mejor intermediario entre el centro y la familia.

Por otra parte, además de la información proporcionada por las familias también se hará necesario conocer al ACNEE, teniendo en cuenta sus competencias (lo que es capaz de hacer por sí mismo y con ayuda) y sus necesidades nutricionales.

Así, en este capítulo se tratará de dar a conocer las dietas especiales que se han de proponer determinando cuáles son los alimentos más perjudiciales y que dependerán de la edad, talla, peso y nivel de actividad, así como los instrumentos de control que se utilizarán para realizar el seguimiento de la dieta especial. Para ello se usarán fichas individuales de registro.

2. Instrumentos de control de alumnos con dietas especiales

Dar viabilidad y propiciar el desarrollo de las potencialidades del niño es tarea básica del comedor escolar como contexto educativo que es. Por eso un desarrollo integral demanda tener presente multitud de parámetros, así como una remodelación y ajuste constante a cada situación y a cada dieta especial de cada uno de los ACNEE.

Las dietas especiales se ajustarán por tanto a las características y a la actividad del niño, lo que conllevará poner en juego diversas tareas de intervención en función de las necesidades y competencias del alumnado.

Es preciso registrar las tareas destinadas a la consecución de una dieta especial en el alumnado para asegurarse de su correcta distribución, así como establecer pautas para el seguimiento y evaluación de la ingesta para dar parte a los profesionales que los asisten de la dietética y nutrición.

Las dietas especiales deben ser dietas equilibradas que incluyan todo tipo de nutrientes.

? Sabía que…

La dietoterapia es el empleo de la alimentación con una finalidad terapéutica. No debe entenderse con ello que un régimen terapéutico tenga que apartarse del régimen normal. En efecto, muchos enfermos podrán ser tratados con regímenes normales y otros no. Al prescribir alimentación para un enfermo se está realizando dietoterapia.

La alimentación en un individuo sano tiene por finalidad el mantenimiento de su estado de salud. En el individuo enfermo, el estado de nutrición de su organismo se encuentra alterado por el mismo proceso fisiopatológico consecuencia de la enfermedad. La alimentación en este caso debe ser acorde con las circunstancias, teniendo presente las alteraciones patológicas, con lo que se contribuye a su recuperación o curación en unión al correspondiente tratamiento medicamentoso. Aunque si bien es cierto que del medicamento se puede prescindir, de ninguna manera se podrá hacer lo mismo con la alimentación. (Beltrán Sánchez, 2003).

2.1. Dietas especiales

La clave de una dieta sana es que sea variada y equilibrada. Las necesidades nutricionales varían de un individuo a otro dependiendo del sexo, la edad, el estado de salud y el nivel de actividad, factores que se tendrán en cuenta a la hora de planificar las dietas especiales.

¿Cómo es una dieta sana?

Antes de planificar dietas especiales se deben tener en cuenta aspectos claves para poder llevar a cabo una alimentación equilibrada. Estos son:

1. **La distribución calórica total en las distintas comidas** que se realizan a lo largo del día (desayuno, comida, merienda y cena). De este modo:

   ▮ El desayuno aportará el 25 %.
   ▮ La comida el 35 %.
   ▮ La merienda el 15 %.
   ▮ La cena el 25 %.

El desayuno infantil es una de las comidas más importantes del día.

2. **La clasificación de los distintos alimentos** en función de sus características nutricionales se divide en cuatro grandes grupos mediante lo que se denomina "el trébol de la alimentación equilibrada":

■ **Grupo 1:** leche y productos lácteos. Son alimentos ricos en calcio. Al contener también grasa y azúcar es una fuente importante de energía. Son alimentos imprescindibles en las etapas del crecimiento.

■ **Grupo 2:** carnes, pescado y huevos. Son alimentos ricos en proteínas de alta calidad. Conviene tener en cuenta que la calidad proteica del pescado es la misma que la de la carne.

■ **Grupo 3:** frutas y verduras. Son muy ricas en fibra alimentaria, vitaminas, sales minerales y agua. Por el contrario, su aporte proteico es menor, tanto en cantidad como en calidad.

■ **Grupo 4:** pan y cereales. Destacan principalmente por su aporte de hidratos de carbono.

3. **Combinación de los distintos grupos de alimentos:** dado que cada grupo de alimentos presenta unas características bien diferenciadas, se hace evidente que para que una alimentación sea equilibrada deberá efectuarse una combinación de los alimentos de los cuatro grupos en las proporciones adecuadas. Esta proporción es:

■ El 20 % productos lácteos.

■ El 10 % de carnes, pescado y huevos.

■ El 50 % los vegetales, entre frutas y verduras.

Trébol de la alimentación equilibrada

Al menos 1 litro de agua al día

Consejo

Algunos consejos a tener en cuenta para seguir una dieta sana son:

I Realizar 5 comidas al día. Establecer un horario regular para las comidas.
I Planificar de antemano las comidas para cubrir necesidades nutricionales y poder completar las ingestas escolares si las hubiera; para ello es muy importante conocer el menú escolar, cada semana con antelación.
I Comer sentado, sin prisas.
I Utilizar platos y raciones pequeñas adecuadas para cada edad.
I Masticar lentamente.
I No realizar otras tareas mientras se come (por ejemplo: ver televisión, videojuego, etc.) y aprovechar para un diálogo relajante en familia.
I Beber 1,5 - 2 litros de agua al día.
I Evitar el hábito del picoteo entre horas.
I Evitar cocinar con fritos y rebozados. Utilizar preparaciones como horno, microondas, papillote, plancha, etc.
I Intentar ser creativos en la cocina y apartarse de la monotonía. Si se puede, hacerlo con la colaboración de niños y niñas.
I Evitar aportes de calorías extra con o sin valor nutritivo (refrescos, bebidas deportistas, zumos industriales, etc.).
I La labor de la madre y el padre es proveer una variedad de alimentos saludables en su despensa o nevera. Los hijos e hijas deben ser educados para saber elegir la cantidad que necesitan comer de esos alimentos.
I Complementar la dieta con ejercicio físico adaptado a la edad y preferencias del niño o niña.

Actividades

1. Defina en qué consiste una alimentación sana y equilibrada.
2. Recoja información sobre tres platos típicos de la cocina de su región. Elabore una lista de los ingredientes principales y señale el grupo de alimentos a los que pertenece cada uno.

La mayoría de los individuos tratan de seguir unas pautas básicas para que la dieta sea equilibrada, pero determinadas etapas y situaciones de la vida obligan a hacer ciertas adaptaciones dietéticas.

¿En qué consiste una dieta especial?

Cada etapa de la vida (la lactancia, la infancia, la pubertad, la adolescencia, la vida adulta y la vejez) posee unas necesidades nutricionales propias que hay que tener en cuenta a la hora de elegir la dieta adecuada. Es por eso que en las etapas de educación infantil y primaria existen otras condiciones que se deben tener en cuenta a la hora de planificar las dietas:

- Respetar los hábitos alimenticios del alumnado.
- Realizar una buena distribución de alimentos a lo largo del día teniendo en cuenta el porcentaje de calorías que deben proporcionar los distintos nutrientes.
- Aportar suficiente cantidad de vitaminas, minerales, fibra y agua.

Por otro lado, en una etapa de crecimiento y desarrollo tan intenso como el de la niñez, una alimentación incorrecta tiene un efecto más marcado sobre la salud en la adultez. Ya más concretamente, los niños y niñas que presentan una discapacidad pueden tener dificultades para lograr una ingesta de nutrientes en cantidad y calidad adecuada, sea por incapacidad de alimentarse por sí mismos o por ser reacios a seguir algún tipo de dieta. Esto conllevaría graves consecuencias sobre su salud en la adultez.

 Nota

A fin de evitar problemas de salud como la obesidad en niños y padecimientos relacionados con esta (hipertensión, diabetes, enfermedades del corazón y problemas emocionales), desnutrición crónica, retardo del crecimiento y anemia, entre otros, es esencial que desde temprana edad se enseñen y fomenten hábitos alimenticios correctos.

Estas dietas especiales deben tener por objetivo:

- Responder a las necesidades nutricionales y físicas individuales de cada ACNEE, proporcionándole todos los tipos de alimentos que necesita para un desarrollo normal y una buena salud.
- Promover la adaptación del niño a la variedad de dietas, evitando las insuficiencias y desequilibrios que a menudo se producen en los diferentes nutrientes.
- Permitir la adquisición gradual de hábitos básicos de alimentación: masticación, deglución y utilización de los instrumentos de mesa, etc.
- Fomentar una estrecha participación y colaboración en la elaboración conjunta con los familiares de tal manera que se mantengan criterios comunes en la preparación de menús.

En la evaluación de las necesidades nutricias del ACNEE se tendrá en consideración, al igual que para otro tipo de alumnos, su edad, talla, peso, nivel de actividad y alergias, determinando además de manera específica otros aspectos como por ejemplo si existe alguna afección que requiera la modificación de su régimen alimentario o su capacidad física e intelectual para fijar objetivos razonables en cuanto a su autoalimentación se refiere.

En consecuencia a esta evaluación de necesidades se puede decir que de manera general con el ACNEE convendrá poner especial cuidado en cuanto a la consistencia de los alimentos, el control del peso, el estreñimiento y la interacción de los alimentos con los medicamentos.

La consistencia de los alimentos

El ACNEE que puede morder y masticar o recobrar el uso de estas funciones podrá ingerir alimentos de diversas consistencias y por tanto beneficiarse de una dieta especial más soportable.

A los que tienen dificultades para morder o masticar, pero son capaces de deglutir, debe introducírseles a comer alimentos blandos o semisólidos.

Y por último se tendrá que tener especial consideración con aquellos que reciban alimentos líquidos o por sondas en lo que se refiere a:

a. El valor nutritivo y cantidad de líquidos que ingiere.
b. El paso de una dieta semilíquida a una dieta cada vez más consistente, si esto fuese posible.

Existen diferentes texturas líquidas: néctar, miel o de pudin.

El control de peso

El control de peso supone un aspecto muy importante de los cuidados nutricionales, ya que si el ACNEE tiene una movilidad reducida necesita menos calorías para satisfacer sus necesidades energéticas. En estos casos, las dietas especiales deben ser cuidadosamente calculadas para que contengan los nutrientes necesarios sin excesos de calorías para no producir obesidad.

El consumo de energía tiene en la obesidad tanta importancia como la ingesta.

 Definición

Obesidad y el sobrepeso

Según la OMS se definen como una acumulación anormal o excesiva de grasa que puede ser perjudicial para la salud. Una forma simple de medir la obesidad es el índice de masa corporal (IMC), esto es el peso de una persona en kilogramos dividido por el cuadrado de la talla en metros. Una persona con un IMC igual o superior a 30 es considerada obesa y con un IMC igual o superior a 25 es considerada con sobrepeso. El sobrepeso y la obesidad son factores de riesgo para numerosas enfermedades crónicas, entre las que se incluyen la diabetes, las enfermedades cardiovasculares y el cáncer.

El estreñimiento

El estreñimiento en los ACNEE puede deberse a que el alumnado lleve a cabo una dieta cotidiana donde exista una carencia de alimentos ricos en fibra (verduras, frutas, legumbres, cereales integrales, frutos y frutas secas) unida a una baja ingesta de líquidos.

Además también influirán aspectos como:

- La toma de medicamentos que provoquen una disminución del peristaltismo intestinal.
- La predisposición genética.
- Otras enfermedades asociadas o no con su discapacidad. (ej. Debilidad de los músculos de la pared abdominal).
- La inmovilidad.

La interacción de los alimentos con medicamentos

Existe gran cantidad de medicamentos que no pueden ser mezclados con algún alimento, ya que esto podría traer consecuencias en cuanto a:

- El efecto de los medicamentos.
- Afectando la salud del ACNEE.

Así, por ejemplo, si a un ACNEE con déficit de hierro su médico le prescribe la ingesta de un medicamento que tiene como componente principal el sulfato ferroso (hierro), este medicamento no deberá ingerirse con un yogur o con un vaso de leche (alimentos que posean mucho calcio) ya que estos podrán reducir la absorción del hierro, y por tanto la salud del ACNEE podría verse afectada.

Debido a las consecuencias sobre la salud que puede tener la ingesta de los alimentos mezclados con determinados medicamentos se hace imprescindible el conocimiento y control de estos últimos por parte de todos los profesionales que trabajen en el comedor escolar.

La mejor garantía de que no se va a ver reducido el efecto del fármaco es tomarlo acompañado de un vaso de agua.

 ### Aplicación práctica

Pedro es un ACNEE de 10 años que presenta una parálisis cerebral. Debido a su discapacidad se ve en la necesidad de llevar una dieta blanda o de fácil masticación por problemas de deglución. Además, padece de estreñimiento debido a su inmovilidad.

Usted, como técnico especialista de apoyo en el comedor, debe colaborar en la elaboración de la dieta especial. ¿Qué alimentos son aconsejados? Ponga un ejemplo de dieta para un día completo.

SOLUCIÓN

Alimentos aconsejados:

I Lácteos y derivados: leche, yogures (pueden ser bífidus o con fibra), etc.
I Cereales y legumbres: lentejas, garbanzos, judías, soja, bollería, guisantes, habas, cereales mojados en leche, etc.

Continúa en página siguiente >>

<< Viene de página anterior

I Frutas: exprimidas, en conservas, cocidas o muy maduras. Serán muy recomendables: ciruelas, pera, higos, kiwi, aguacates, fresa, mandarina, etc.
I Verduras: todas cocidas blandas, sin cáscaras y sin piel gruesa. Por ejemplo: zanahorias, puerros, nabo, judías verdes, espinacas, col, coliflor, etc.
I Pescado de todo tipo.
I Huevos, cocidos o en tortilla.
I Carnes magras y picadas.
I Dos litros de agua, incluyendo infusiones.

Ejemplo de un menú para un día:

Desayuno:	Leche con cereales de fibra y zumo natural de naranja.
Media mañana:	Pera en almíbar.
Almuerzo:	Judías verdes salteadas con ajo. Croquetas de pescado con zanahoria aliñada (cocida). Pan de molde y ciruelas muy maduras y sin piel.
Merienda:	Batido de frutas con leche.
Cena:	Pisto manchego. Tortilla. Yogur con fibra.

2.2. Instrumentos de control

Para llevar un control exhaustivo de un ACNEE que tenga prescrita una dieta blanda o especial, los profesionales de apoyo que se encuentren en el comedor escolar deberán efectuar un proceso rutinario ajustado a los protocolos establecidos valiéndose de los siguientes métodos e instrumentos:

■ Se ha de verificar, antes de ir a recoger al ACNEE de su aula, que los menús sean adecuados a las necesidades individuales diagnosticadas. Para ello se usarán fichas que pongan en relación al alumnado con sus dietas especiales, haciendo especial hincapié en aquellos alimentos a los que sean alérgicos.

- A la hora de recoger al alumnado se deben utilizar listas de asistencia para conocer el número de alumnos que acuden al comedor y que necesitan dieta especial.
- Se ha de mantener un orden en la entrada al comedor, a ser posible antes que el resto del alumnado, para asegurarse de la correspondencia de las dietas que se le sirven.
- Hay que cerciorarse de que el alumnado come una cantidad adecuada de alimento mediante la utilización correcta de los cubiertos y materiales adaptados necesarios.
- Se realizará un control y seguimiento de la dieta a través de instrumentos de recogida de datos para poder informar en un momento posterior de evaluación conjunta con otros profesionales sobre la adecuación de esta.

El monitor de apoyo en el comedor tiene la obligación de supervisar la correcta distribución de las dietas.

 Actividades

3. Confeccione una ficha tipo que relacione los alumnos con sus dietas especiales.
4. Busque información acerca de la cantidad de comida que debe suministrar una ración y analícela.

En cuanto a este último apartado se debe hacer especial mención a la existencia de numerosos y diversos instrumentos de carácter práctico que hacen posible el seguimiento del ACNEE en el comedor escolar. Sin embargo no siempre están al alcance del técnico especialista de apoyo y se requiere en determinadas situaciones aislar al alumnado de su realidad, del ambiente habitual, anulándole la espontaneidad con la que se desenvuelve entre el grupo.

Por ello, la observación como técnica e instrumento de acción del monitor de apoyo en el comedor supone un modo de captar conductas y peculiaridades que intervienen en la dinámica individual del ACNEE y que puede aportar conocimiento valioso y diverso sobre su desarrollo.

La exigencia de que esta observación sea planificada, sistemática, comprobada, objetiva y continua está patente en el quehacer diario del especialista de apoyo, siendo las actitudes, intereses, personalidad, desarrollo social, etc. aspectos a considerar desde un punto de vista comparativo en las observaciones, discriminando así lo importante de lo que no lo es, lo concreto de lo general, la parte del conjunto, lo puntual de lo constante, lo objetivo de lo subjetivo, etc.

Por todo ello se utilizarán como instrumentos de control y seguimiento para la realización de una adecuada vigilancia las escalas de observación y las listas de control.

Escalas de observación

Son procedimientos que se adaptan a la situación de observación sistematizada por la previa determinación de las conductas a registrar. Algunos autores no las incluyen como técnicas de observación debido a las especiales condiciones de utilización: registro diferido y valoración de un número de observaciones previas.

Como principal ventaja que se puede encontrar es que supone enriquecer los datos obtenidos a través de listas de control a partir de la valoración de la cualidad en cada comportamiento.

Es decir, es un instrumento que no solo indica la presencia de una determinada conducta, sino que además señala el grado de intensidad en que esta se produce con una escala de valores preestablecida de antemano.

Actividades

5. Se le ha informado sobre la observación sistemática, pero, ¿cree que existen otros tipos de observación?
6. Haga un mapa conceptual con los diferentes tipos de observación que se pueden realizar para llevar a cabo un seguimiento.

Las escalas de observación pueden ser:

a. **Numéricas:** el grado de intensidad de la conducta se expresa a través de números. Ej.:

	1	2	3	4
Coge de manera adecuada el cubierto				

b. **Gráficas o verbales:** el grado de intensidad de la conducta se expresa en niveles. Ej.:

	Nunca	Casi Nunca	A veces	Siempre
Coge de manera adecuada el cubierto				

c. **Descriptivas:** en ellas los niveles que se incluyen se redactan brevemente, siendo lo más exacto posible con respecto al rasgo o característica a observar. Ej.:

	No utilizado en ningún momento durante el comedor	En alguna ocasión durante el comedor	Con frecuencia durante el tiempo de comedor	Siempre durante el tiempo de comedor
Coge de manera adecuada el cubierto				

Aplicación práctica

Isabel es una niña de 6 años que tiene una discapacidad motórica que le impide comer sola correctamente. En este nuevo curso escolar se ha implantado un nuevo programa de adquisición de hábitos y autonomía en la alimentación de manera individualizada, por lo que se han diseñado específicamente para ella unos cubiertos con el mango adaptado.

¿Cómo se podrá realizar un seguimiento mensual sobre la adquisición de habilidades de autonomía mediante la utilización de dicho material adaptado? Ponga un ejemplo de instrumento para la realización del seguimiento.

SOLUCIÓN

Para realizar el seguimiento a Isabel se utilizará la observación sistemática como el mejor método para la valoración en el contexto natural donde se sucede el proceso de enseñanza- aprendizaje. Para la consecución de esta observación se plantea una escala de observación como esta:

Continúa en página siguiente >>

<< Viene de página anterior

Habilidad con los cubiertos adaptados	Nunca	Casi Nunca	A veces	Siempre
Coge de manera adecuada el tenedor				
Ensarta el alimento en el tenedor con precisión				
Lleva de manera correcta el tenedor a la boca				
Coge la cuchara de manera adecuada				
Llena la cuchara de comida				
Mantiene el equilibrio de la cuchara para el transporte de la comida hacia la boca				
Coge de manera adecuada el cuchillo				
Trocea el alimento con la ayuda del tenedor y el cuchillo de manera correcta				
Utiliza el cuchillo para untar de manera adecuada				
Tiene una actitud positiva ante el manejo de los cubiertos				

Listas de control

Registran la conducta recogida en listas de acción (niveles y/o signos). Son susceptibles de un control riguroso, con un sistema de muestreo muy estructurado (tomando como unidad el tiempo y la conducta) y un registro inmediato. El análisis de los datos es cuantitativo. El observador es participante externo pero de forma pasiva, lo que puede aumentar el sesgo. Permiten un control muy exhaustivo de la validez y la fiabilidad.

Las ventajas más relevantes según Aravena (2012) son:

- Permite la observación y descripción de distintas habilidades y actitudes.
- Se pueden utilizar en el transcurso de todo el proceso de aprendizaje.

- Son elaborados e interpretadas generalmente, por los mismos educadores.
- Dan cuenta de logros y dificultades del alumnado en relación con los objetivos planteados.
- Son rápidos de llenar y completar.
- Se puede obtener información de un gran número de alumnado en un corto periodos de tiempo.
- Permiten medir actitudes y conductas que son difíciles de medir en su globalidad.

En cuanto a los inconvenientes destacan:

- No se puede apreciar los grados de las conductas.
- No permite realizar ningún comentario sobre lo observados.
- Son muy dicotómicas.

Registro de hechos significativos

Como se ha dicho, un registro es un conjunto de notas o diario que describe un aspecto importante y que contiene fundamentalmente datos de la situación observada, una descripción y un comentario.

En él se describe una historia corta de un incidente, intentando que esta sea lo más objetiva posible y sin usar términos que pudiesen evidenciar prejuicios.

Es una anotación sobre algún incidente en relación con una conducta que pudiese incidir en la evaluación del programa de adquisición de hábitos y autonomía en la alimentación del ACNEE.

 Nota

Lo importante no es la forma o la estructura del registro, sino que brinde al monitor de apoyo en el comedor escolar una información clara y concisa acerca de una conducta significativa para el proceso de aprendizaje del alumnado.

3. Alimentos contraindicados o perjudiciales

Como se ha visto con anterioridad, la discapacidad se presenta de diferentes formas, ya sea física, psíquica o sensorial (visual y auditiva), siendo necesario identificar la clase de alteración y cómo afecta al estado de nutrición.

La dieta determinada para cada ACNEE va a depender de múltiples factores individuales generales como son la edad, talla y el peso, además de valorar de forma específica el grado de discapacidad, estado general de la salud, y factores de riesgo económicos, psicológicos, sociales, y funcionales (nivel de dependencia).

La incapacidad de digerir los alimentos causados por la inmovilidad (o por alguna otra alteración física que impida asimilar alimentos) puede provocar la disminución física, incidiendo a su vez en alteraciones del estado de alimentación. Es decir, se produce un círculo vicioso del que en ocasiones es complicado salir.

Ciclo de inactividad física

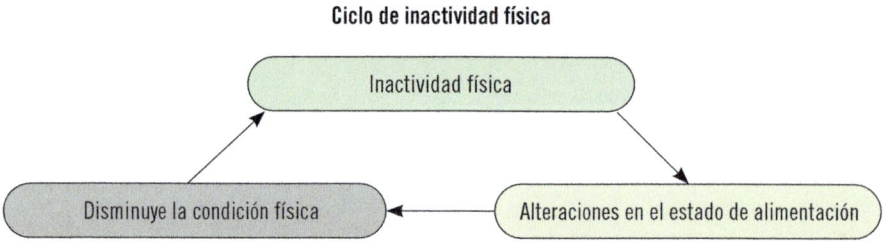

Sin embargo, y debido a la actividad física limitada, se puede producir un incremento en el porcentaje de grasa corporal que tiende al sobrepeso y obesidad en el alumnado con discapacidad.

La disfagia es la alteración más común en el ACNEE. Esto se debe a los problemas que tienen en la musculatura de los labios, boca, lengua, paladar, faringe y esófago, además de la falta de coordinación de movimientos que pueden presentar y que conlleva un empeoramiento en la deglución.

Algunos síntomas de estas alteraciones en el proceso de deglución pueden ser:

- Sensación de ahogo durante y después de la ingesta de alimentos.
- Incapacidad para succionar.
- Acumulación de alimentos en la boca.
- Reflujo gastroesofágico.
- Infección crónica de vías respiratorias superiores.
- Pérdida de peso.
- Tos húmeda.

Por todo ello hay que considerar de manera necesaria:

- Los alimentos que pueden resultar perjudiciales para el ACNEE debido a sus limitaciones personales a la hora de digerirlos.
- Las alteraciones que estos alimentos puedan producir sobre ellos debido a la medicación suministrada.
- Alergias.

3.1. Alimentos que pueden resultar perjudiciales debido a limitaciones para la ingesta

Como normas generales a tener en cuenta para que se puedan digerir los alimentos sin problemas se deben considerar:

- Comer pequeñas cantidades cada vez, no tragando el alimento hasta que su consistencia sea homogénea.
- Es conveniente evitar alimentos muy azucarados debido a que pueden provocar intranquilidad y alteraciones de conducta.
- Estar sentado de manera adecuada y con la cabeza erguida permitiendo tragar de una manera más eficaz y segura.
- Masticar despacio y sin prisa. Si es necesario se podrá tragar en dos o más veces seguidas, evitando que queden restos de comida en la boca.
- Se deben evitar sólidos muy duros y secos. Se pueden ablandar los alimentos con salsas o mayonesas, e incluso si fuese necesario sustituirlos

por otros alimentos que presenten las mismas propiedades. Esto lo deberá considerar un médico o especialista en nutrición.

- Rehuir alimentos con harina o fécula (pasta, pan, puré, etc.) que se puedan "pegar" con facilidad en el paladar. Hay que "lubricarlos" al máximo.
- Evitar los pescados que contengan espinas, ya que su ingesta podría provocar peligro de atragantamiento.

 Sabía que...

Cualquier tipo de alimento demasiado rico en azúcar refinado produce un aumento de azúcar que puede intranquilizar al ACNEE.

En cuanto a los alimentos sólidos, se ha de hacer una valoración previa a la hora de seleccionarlos para la ingesta. Así, por ejemplo, se debe evitar:

Dobles texturas	Mezclas de líquido y sólido: sopas con pasta, verduras, carne o pescado, cereales con leche o muesli, yogures con trozos, etc.
Alimentos pegajosos	Bollería, chocolate, miel, caramelos masticables, plátano, pan, etc.
Alimentos resbaladizos que se dispersan por la boca	Guisantes, arroz, legumbre enteras (lentejas, garbanzos), pasta, etc.
Alimentos que pueden fundirse de sólido a líquido en la boca	Helados o gelatinas de baja estabilidad.
Alimentos que desprenden agua al morderse	Melón, sandía, naranja, pera de agua, etc.
Alimentos fibrosos	Piña, lechuga, apio, espárragos, etc.

Continúa en página siguiente >>

<< Viene de página anterior

Alimentos con:	Piel, grumos, huesecillos, tendones o cartílagos, pescados con espinas, etc.
Alimentos con pieles o semillas	Las frutas y vegetales que incluyen piel y/o semillas (mandarinas, uvas, tomate, guisante, soja).
Alimentos crujientes y secos o que se desmenuzan en la boca	Tostadas, biscotes, galletas, patatas tipo chips.
Alimentos duros y secos	Pan de cereales, frutos secos, etc.
Dobles texturas	Mezclas de líquido y sólido: sopas con pasta, verduras, carne o pescado, cereales con leche o muesli, yogures con trozos, etc.
Dobles texturas	Mezclas de líquido y sólido: sopas con pasta, verduras, carne o pescado, cereales con leche o muesli, yogures con trozos, etc.

En cuanto a los alimentos líquidos también se ha de proceder a una valoración previa a la hora de seleccionarlos, teniendo en cuenta que en casos de atragantamientos frecuentes, con gran dificultad para tragar, se deben espesar los líquidos con espesantes instantáneos. Estos productos pueden tener diversos sabores o un gusto neutro, e incluso pueden estar diseñados con un aporte de nutrientes, por lo que pueden ayudar a la correcta nutrición del ACNEE. Las texturas más frecuentes que suelen darse como resultado de la utilización del espesante son dos:

- Normal, que sería una textura parecida a la de unas natillas (consistentes pero no resbalosas).
- Espesas con aspecto como de pudin o flan.

Además de estos espesantes artificiales de ventas en farmacias se pueden también encontrar en el mercado otras opciones de espesantes más comunes, Como por ejemplo:

- Gelatina neutra.
- Kuzu.
- Agar- agar.
- Almidones.

Pero todos ellos resultan ser menos prácticos requiriendo una mayor preparación y en la mayoría de los casos aportan un sabor o textura determinado.

Y por último considerar que en caso de que se produzca atragantamiento en las consistencias mixtas (líquido y sólido) habrá que tener especial cuidado con alimentos como:

- Frutas con mucho jugo (mandarinas, sandías, etc.).
- Sopas muy líquidas.
- Verduras crudas (tomates, lechuga, etc.).

En caso de mucha dificultad de masticación se deberá triturar y en casos extremos llevar una dieta líquida mediante sondas.

Actividades

7. Elabore una lista de 5 comidas tradicionales de su región y de los alimentos principales. Diferencie los que son o pueden ser perjudiciales para el ACNEE de los que son beneficiosos.
8. Señale cómo y cuándo se ha de implantar una dieta líquida mediante sondas.

Aplicación práctica

Se encuentra como monitor de apoyo de un ACNEE que además de su discapacidad psíquica presenta una disfagia severa, ¿qué tipo y consistencia de alimentos son los adecuados?

(La disfagia es la dificultad que tiene en este caso el ACNEE para la deglución, problemas para tragar, y que suele ir acompañada de dolores, a veces muy agudos. Por norma general es un signo de enfermedad en el esófago o de alguno de los órganos vecinos del esófago, como puede ser la faringe).

Continúa en página siguiente >>

<< Viene de página anterior

SOLUCIÓN

Según la gravedad de la disfagia se recomendarán adaptaciones tanto para el alimento sólido (modificación de volumen, consistencia, textura), como para los líquidos (espesantes, agua gelificada).

Así en este caso, al ser severa, la dieta se debe fundamentar en cremas y purés teniendo como única textura admitida la textura triturada. De este modo podrá comer todo tipo de alimentos tomando como referencia las consideraciones generales recomendadas para elaborar cualquier dieta especial para un ACNEE. Estas son:

I Autoalimentación.
I La consistencia que deben tener los alimentos para su ingesta.
I La interacción con los medicamentos prescritos.
I El estreñimiento.
I El control de peso.

3.2. Alimentos contraindicados

En este punto es necesario tomar "a rajatabla" todas las consideraciones médicas prescritas, intentando evitar aquellos alimentos que puedan alterar la absorción de los medicamentos suministrados, así como elaborar menús especiales que aporten alimentos o combinaciones de estos que beneficien al alumnado.

Además el médico podrá proponer, si valora que no se consigue un aporte nutricional completo, alimentos especialmente preparados y enriquecidos de manera artificial, como por ejemplo: batidos proteicos de ventas en farmacias o suplementos nutricionales.

Alergias

Como se sabe, las alergias son una reacción inmunológica como respuesta a la exposición a un alimento o a un componente de un alimento. La mejor manera de tratar las alergias es con la eliminación de la dieta de los alimentos que la causan y para ello es necesario que tanto el alumnado como el equipo

de monitores o educadores del comedor los conozcan y sepan cuál puede ser
la reacción ante una posible ingesta.

Alimentos que suelen causar más alergias	
26,0 %	Frutos secos
22,0 %	Marisco
16,0 %	Huevos
13,8 %	Leche
9,8 %	Pescado
33,3 %	Frutas (plátano, melocotón y kiwi)
1,6 %	Especias
3,3 %	Cereales
7,0 %	Hortalizas
7,0 %	Legumbres
6,5 %	Otros

? **Sabía que...**

Según la OMS (Organización Mundial de la Salud) las alergias alimentarias siguen siendo el
principal problema de seguridad que plantean los alimentos derivados de la recombinación
del ADN. Los alimentos modificados genéticamente contienen nuevas proteínas que pueden
suponer un riesgo para los individuos con alergias.

4. Fichas individuales de registro para alumnos con problemas alimentarios

Se recuerda la importancia de que la información observada sea recogida
o registrada de forma continua y sistemática a lo largo de todo el proceso, ya

que el desarrollo y progreso de los cambios en las necesidades y hábitos en la alimentación también se producen de manera continua.

Por ello se hace necesario llevar a cabo un **registro acumulativo** de información de cada alumno/a que presente problemas alimentarios y que sea de fácil manejo, permitiendo en todo momento visualizar su evolución y características de forma rápida.

Así, en este registro acumulativo se pueden incluir fichas como:

1. **Datos personales e información del hogar/familia.** Estas fichas de registro deben incluir elementos personales acerca del alumnado, tales como:

   ▪ Nombre y apellidos.
   ▪ Procedencia.
   ▪ Edad.
   ▪ Fecha y lugar de nacimiento.
   ▪ Alergias a alimentos y método de actuación ante ellas.
   ▪ Nombre y ocupaciones de los padres.
   ▪ Información sobre los hermanos y hermanas (si presentan alguna patología alimenticia, etc.).

2. **Información sanitaria: física y psíquica.** En ella se deben incluir datos sobre sus discapacidades, así como:

   ▪ Dieta recomendada.
   ▪ Enfermedades relevantes.
   ▪ Vacunas.
   ▪ Dificultades para morder, masticar o deglutir.

3. **Información sobre la adecuación de la dieta segura.** Se incluirán datos acerca del mobiliario y material adaptado que se requiera para la alimentación.
4. **Información sobre sus gustos e intereses personales.** Hace referencia a los alimentos a los que está acostumbrado a tomar en casa y aquellos que prefiere.

5. **Información sobre el desarrollo social y conductas.** En estas fichas se han de recoger datos referidos a sus competencias sociales, es decir, al trato que tiene con el resto de iguales y con los monitores de apoyo en el comedor.

6. **Registros anecdóticos puntuales.** En los que se recoge alguna incidencia que esté relacionada con los objetivos marcados con respecto a ese alumno en concreto.

 Aplicación práctica

Está usted trabajando como monitor de apoyo en el comedor escolar con un alumno al que se le acaba de diagnosticar alergia a la lactosa, además de su discapacidad intelectual (por la que se estaban trabajando ya hábitos de autonomía en la alimentación a través de un programa). ¿Qué fichas individuales de registro ha de tener acumuladas? ¿Cuáles se deben modificar debido a esta nueva alergia?

SOLUCIÓN

Al estar llevando a cabo un programa de autonomía y hábitos básicos de alimentación se realizará un seguimiento del alumno utilizando como método más apropiado la observación sistemática. Para ello habrá que emplear, al menos, los siguientes instrumentos de registro:

- Datos personales e información del hogar/familia.
- Información sanitaria: física y psíquica.
- Información sobre la adecuación de la dieta segura.
- Información sobre sus gustos e intereses personales.
- Información sobre el desarrollo social y conductas.
- Registros anecdóticos puntuales.

Y debido a que se debe producir un cambio en la dieta por el nuevo diagnóstico de alergia a la lactosa se han de volver a elaborar las fichas referidas a:

- Los datos personales, describiendo de forma clara y precisa su alergia.
- Información sanitaria: física y psíquica (donde se recogerá el tipo de dieta a seguir y los protocolos de actuación en caso de su ingesta).
- Información sobre la dieta segura (donde se hará un especial hincapié en aquellos alimentos y nutrientes que debido a su alergia no puede ingerir.

 **Actividades**

9. Elabore una plantilla de ficha individual de registro que recoja datos personales e información del hogar siguiendo las indicaciones anteriormente descritas.

5. Resumen

El técnico especialista de apoyo en el comedor escolar ha de tener presente multitud de medidas para la adecuada consecución de las dietas especiales que requiera el ACNEE al que asiste. Dichas dietas especiales han de tener por objetivos principales:

- Responder a las necesidades nutricionales y físicas individuales de cada ACNEE, proporcionándole todos los tipos de alimentos que necesita para un desarrollo normal y con buena salud.
- Promover la adaptación del niño a la variedad de dietas, evitando las insuficiencias y desequilibrios que a menudo se producen en los diferentes nutrientes.
- Permitir la adquisición gradual de hábitos básicos de alimentación: masticación, deglución y utilización de los instrumentos de mesa, etc.
- Fomentar una estrecha participación y colaboración en la elaboración conjunta con los familiares de tal manera que se mantengan criterios comunes en la preparación de menús.

A la hora de colaborar en la elaboración de las dietas especiales y en el control de la ingesta el monitor de apoyo tiene que considerar de manera necesaria los alimentos que pueden resultar perjudiciales. Estos pueden clasificarse en función de aquellos que resultan perjudiciales debido a las limitaciones del ACNEE, según las alteraciones que los alimentos produzcan sobre ellos debido a la medicación suministrada y los que causan alergias.

Por último se debe recordar que la metodología que estos tienen que llevar a cabo para el control y seguimiento de las dietas especiales debe realizarse en base a las siguientes premisas:

- Se ha de verificar antes de ir a recoger al ACNEE al aula que los menús sean adecuados a las necesidades individuales diagnosticadas.
- Utilizar listas de asistencia.
- Mantenimiento del orden de entrada en el comedor.
- Cerciorarse de la cantidad adecuada de alimento que está tomando en alumno.
- Realizar un control y seguimiento de la dieta a través de un registro acumulativo de los datos.

Ejercicios de repaso y autoevaluación

1. ¿Qué tanto por ciento debe aportar el desayuno al total calórico del día?

    a. 30 %.
    b. 35 %.
    c. 25 %.
    d. Todas las opciones son incorrectas.

2. Complete los espacios libres de la siguiente frase:

Las necesidades _____ varían de un individuo a otro dependiendo del _____, edad, _____ __ _____ y nivel de actividad, factores que se tendrán en cuenta a la hora de planificar _____ _____.

3. Los lácteos dentro de la clasificación de los distintos alimentos en sus características nutricionales se sitúan dentro del grupo...

    a. ... 1.
    b. ... 2.
    c. ... 3.
    d. ... 4.

4. Indique cuáles de las siguientes frases son verdaderas o falsas.

    a. Las carnes, pescados y huevos son alimentos ricos en calcio y al contener también grasa y azúcar son una fuente importante de energía. Son alimentos para las etapas del crecimiento.

        ☐ Verdadero
        ☐ Falso

b. Las frutas y las verduras son muy ricas en fibra alimentaria, vitaminas, sales minerales y agua. Por el contrario, su aporte proteico es menor, tanto en cantidad como en calidad.

☐ Verdadero
☐ Falso

c. El pan y los cereales destacan principalmente por su aporte de hidratos de carbono.

☐ Verdadero
☐ Falso

d. Los productos lácteos son alimentos ricos en proteínas de alta calidad.

☐ Verdadero
☐ Falso

5. ¿Qué es la obesidad?

_____
_____
_____
_____

6. Defina "dieta especial".

_____
_____
_____
_____

7. **Indique si la siguiente afirmación es verdadera o falsa.**

En la evaluación de las necesidades nutricionales del ACNEE se tendrá en consideración, al igual que para otro tipo de alumnos, su edad, talla, peso, nivel de actividad y alergias, determinando además de manera específica otros aspectos como por ejemplo: si existe alguna afección que requiera la modificación de su régimen alimentario o su capacidad física e intelectual para fijar objetivos razonables en cuanto a autoalimentación se refiere.

☐ Verdadero
☐ Falso

8. **Relacione los siguientes conceptos con su definición correspondiente.**

a. Escalas de observación
b. Listas de control
c. Registro de hechos significativos

__ Es una explicación "objetiva" de un incidente en relación con una conducta que pudiese incidir en la evaluación del ACNEE.
__ Registran la conducta recogida en listas de acción.
__ Es un instrumento que no solo indica la presencia o no de una determinada conducta, sino que además indica el grado de intensidad en que esta se produce con una escala de valores preestablecida de antemano.

9. **El análisis de los datos es cuantitativo y el observador es participante externo pero de forma pasiva.**

a. Listas de observación.
b. Observación sistemática.
c. Registro anecdótico.
d. Todas las opciones son incorrectas.

10. **¿Cuáles son los principales inconvenientes de las listas de control?**

_____
_____
_____
_____

11. Termine la siguiente frase:

La dieta específica de cada ACNEE va a depender de múltiples factores individuales generales como son la edad, talla y el peso, y de forma específica se debe valorar...

_____
_____
_____
_____

12. Señale cuáles pueden ser algunos síntomas de alteraciones en el proceso de deglución.

_____
_____
_____
_____

13. Una de las normas generales a tener en cuenta para que se puedan digerir fácilmente los alimentos es:

    a. Comer pequeñas cantidades cada vez.
    b. Comer con pan.
    c. Beber mucha agua.
    d. Todas las opciones son correctas.

14. Señale la palabra o palabras más adecuada en relación a la afirmación que se hace.

En cuanto a los alimentos (sólidos - de consistencia mixta - líquidos) también se ha de proceder a (un seguimiento - una valoración) previa a la hora de seleccionarlos teniendo en cuenta que en casos de (atragantamientos - mordeduras - ahogos) frecuentes, con gran dificultad para tragar, se deben (triturar los alimentos de consistencia mixta - espesar los líquidos - triturar los sólidos) con polvos espesantes instantáneos de venta en farmacias.

15. ¿Qué debe incluir una ficha de registro de datos personales e información del hogar/familia?

Capítulo 3

Programas de adquisición de hábitos de alimentación del ACNEE

Contenido

1. Introducción

La intervención mediante programas es la actuación que mejores resultados puede dar. Esta asume los principios de prevención, desarrollo e intervención social, dándole por tanto un carácter educativo y social a la vez que implica a diferentes agentes educativos y de la comunidad.

Concretamente, en un programa de adquisición de hábitos de alimentación para un ACNEE se apostará por una intervención en el comedor escolar y en el hogar para producir un aprendizaje significativo de calidad que deberá ser el principal objetivo.

Así, en el presente capítulo se estudiará la ejecución de los diferentes programas de masticación, haciendo especial hincapié en las técnicas y pautas que se han de llevar a cabo para la masticación adecuada, tanto de los alimentos blandos (movimientos de apertura y cierre), como de los alimentos duros (movimientos laterales). Además se tratarán aspectos de la tonificación de los músculos que intervienen en la masticación y el control de la boca cerrada y de la quijada.

Se continuará con el proceso de evaluación del programa mediante los registros y las técnicas de entrenamiento más comunes como son la instrucción verbal, modelado de conducta, imitación y ensayo de conducta, reforzamiento, encadenamiento, generalización, etc.

2. Programas de masticación: ejecución técnicas y pautas

Antes de entrar en materia parece necesario familiarizarse con algunos conceptos acerca de la ingesta de los alimentos, como la masticación, la salivación y la deglución.

La **masticación** es un proceso biomecánico mediante el cual se tritura el alimento previamente ingerido al comienzo de la digestión. La masticación se lleva a cabo a través de los dientes, concretamente de los molares, junto con la lengua. El resultado de la masticación es el bolo alimenticio.

Durante la masticación, los labios (superior e inferior), las mejillas, la lengua y la mandíbula trabajan con una considerable coordinación de movimientos.

Los dientes incisivos se introducen en el alimento y lo arrastra, mientras que las manos (o los cubiertos, dependiendo del caso) lo sujetan para desgarrarlo. La misión de triturarlos queda reservada a los molares.

Las mandíbulas, además de tener la facultad de cerrarse con extraordinaria fuerza, realizan también movimientos laterales que ayudan a triturar cada vez más finamente el alimento.

Los músculos de las mejillas, de los labios y sobre todo de la lengua llevan repetidamente los pedazos más grandes bajo los molares a la vez que recogen la saliva.

Masticar bien es el primer paso de la digestión.

La **salivación** es el proceso químico por el que las glándulas salivales (que se encuentran debajo de la lengua y cerca de la mandíbula inferior) vierten saliva a la cavidad bucal en respuesta a la estimulación directa de las células del gusto o de la mucosa bucal.

La saliva humedece el alimento triturado hasta formar una pequeña masa pastosa llamada bolo alimenticio y que será de más fácil deglución.

Además, la saliva mantiene la boca limpia impidiendo que trozos de comida se queden entre los dientes y demás cavidades.

Glándulas salivares

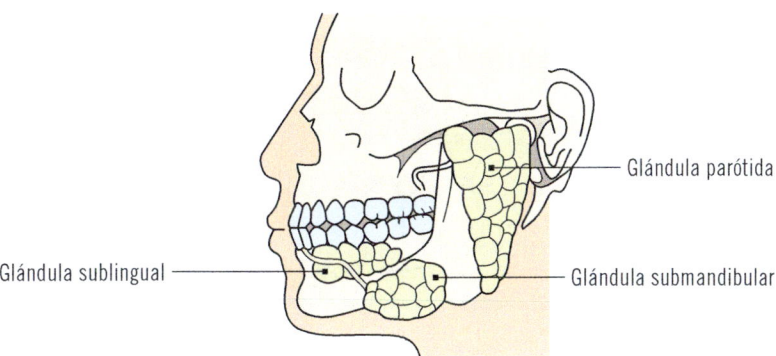

Glándula sublingual

Glándula parótida

Glándula submandibular

 Actividades

1. Indique qué tipo de ACNEE presenta mayor número de problemas para controlar el babeo. Razone la respuesta.

La **deglución,** tras formarse el bolo alimenticio, hace que los movimientos musculares de la lengua en la boca lo desplacen hacia la faringe, continuando con el esófago.

La deglución está comprendida en dos actos, uno con carácter voluntario y el otro involuntario:

- La fase voluntaria se produce cuando los alimentos están preparados para la deglución. La lengua prensa el bolo alimenticio contra el paladar y lo empuja voluntariamente hacia la faringe.
- La fase involuntaria se forma por un conjunto de movimientos peristálticos que empujan al bolo alimenticio para que este pueda pasar por la faringe y posteriormente al esófago y pueda seguir el procedimiento digestivo.

Partes del sistema digestivo implicadas en la deglución

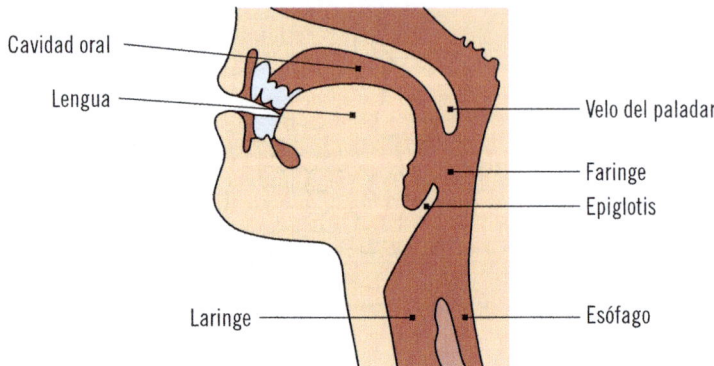

Cavidad oral

Lengua

Velo del paladar

Faringe

Epiglotis

Laringe

Esófago

El alumnado que puede masticar, salivar y deglutir correctamente o recobrar el uso de estas funciones podrá ingerir alimentos de diversas consistencias y, por tanto, beneficiarse de un régimen más llevadero y soportable.

Recuerde

Un programa de intervención puede definirse como la acción colectiva del equipo interdisciplinar junto con otros miembros de la comunidad educativa para el diseño, implementación y evaluación de un plan destinado a la consecución de unos objetivos concretos en un medio socioeducativo en el que previamente se han determinado y priorizado las necesidades de intervención.

2.1. Ejecución, técnicas y pautas del programa

Para que el ACNEE pueda recobrar el uso de las funciones del proceso de digestión se implantará un programa de autonomía y hábitos en la alimentación, esperando una mejora en la calidad de vida.

Así, concretamente, los destinatarios de un programa de masticación serán aquellos ACNEE que presenten:

- Déficit en la dentadura.
- Fallo en el control de la mandíbula.
- Falta de movilidad de la lengua.
- Engrosamiento de las encías provocadas por algunas medicaciones.

 Actividades

2. Investigue y explique los motivos por los que un alumno puede presentar un déficit en la dentadura.
3. Indique qué puede producir una falta de movilidad en la lengua.

Para la elaboración de estos programas es necesario concretar varios aspectos derivados directamente de a quién se dirige el programa y qué objetivos se pretenden. Así se debe tener en cuenta qué contenidos de tipo conceptual, procedimental y actitudinal deberán considerarse, cómo deberá actuarse, y finalmente qué, cómo y cuándo evaluar.

¿Qué contenidos?

Los contenidos se basarán en torno a todos los aspectos relacionados con la masticación y con la pretensión de que el alumnado actúe de forma independiente cuando finalice el programa. Estos contenidos pueden ser por ejemplo:

- Conceptuales:

  - La masticación
  - La lengua
  - Los dientes

▮ Las mandíbulas
▮ Las mejillas y los labios

■ Procedimientos:

▮ Movimientos de apertura y cierre.
▮ Movimientos laterales.
▮ Tonificación de los músculos que intervienen en la masticación.
▮ Control de la boca cerrada.
▮ Control de la quijada.

■ Actitudes:

▮ Constancia e implicación en las actividades y rutinas del programa.
▮ Disfrutar de las diferentes texturas en las que se presenta el alimento.
▮ Colaboración en la exploración y/o estimulación de la boca.

¿Cómo actuar?

En cuanto a la ejecución o metodología del programa se considerarán los siguientes aspectos:

■ El alumnado al principio puede responder de manera negativa ante el programa y rechazar la mano que le tiende el adulto. Para evitar estas situaciones se debe tratar de no provocar situaciones en las que el ACNEE pueda sentir vergüenza o angustia.
■ Las actuaciones no serán tareas aisladas, sino que han de proceder de manera globalizada con la realidad del comedor e integrada con el resto de compañeros generando un contexto natural a la vez que educativo.
■ Se comenzará la alimentación con comida triturada. El alimento se colocará primero dentro de la boca, y posteriormente cada vez más hacia afuera para que el niño mueva los labios y la lengua al coger el alimento, elevándolo entre los dientes para masticarlo. Al principio se podrá mover la mandíbula con las manos (si fuese necesario) para enseñarle cómo se mastica, y cuando deglute hacerle notar su propia garganta para que perciba sus movimientos.

- Se deben generar ambientes de comprensión tolerancia, constancia y motivación.
- Las actividades a desarrollar en el programa tendrán en consideración la importancia que en estas edades posee el juego, por lo que se puede aprovechar como actividad natural del niño y canalizador del aprendizaje. Tendrá como finalidad que el proceso de enseñanza se realice de manera más rápida y fructífera.
- Será fundamental la coordinación entre los profesionales para llevar de una manera adecuada el programa y poder así alcanzar los objetivos propuestos.
- Habrá que regirse por el principio de flexibilidad ya que será susceptible de cambios o modificaciones que retroalimenten el proceso cuando sea necesario, teniendo en cuenta los registros e informes de evaluación y seguimiento realizados.

Esta metodología se llevará a cabo mediante el uso de técnicas de entrenamiento tales como:

- La instrucción verbal.
- Modelado de conducta.
- Imitación y ensayo de conducta.
- Reforzamiento.
- Encadenamiento.
- Generalización.
- Etc.

Las actuaciones estarán diseñadas siguiendo unas pautas, normas o estándares que aseguren la uniformidad del programa que servirá de guía para la secuenciación de los contenidos (¿cuándo?). Así estas pautas serán:

- Se partirá de los conocimientos, destrezas y actitudes que ya tenga adquiridas el ACNEE.
- Se dispondrá de menor a mayor grado de dificultad, esfuerzo y concentración.
- Se alternarán momentos de trabajo y momentos de mayor distensión.
- Dar respuesta inmediata, eficaz y coherente a las nuevas necesidades y/o problemas que puedan surgir.

- Respetar las características propias del crecimiento y el aprendizaje de los/as niños/as.
- Evitar la sobreprotección para no caer en una laxitud en cuanto a las exigencias que hay que cumplir.
- El programa se trabajará de manera globalizada en todos los momentos (escolar y familiar) para un mayor alcance.
- Se facilitará su interacción con personas adultas, con los iguales y con el medio.
- Pretenderá el máximo nivel de satisfacción y bienestar físico y psíquico.

 Aplicación práctica

Suponga que desea implantar un programa de masticación para un ACNEE de 9 años que presenta una parálisis cerebral que le impide llevar a cabo el proceso de deglución de manera óptima.

Proponga actividades que podría realizar para mejorar su tono muscular teniendo en cuenta los aspectos y pautas anteriormente expuestas.

SOLUCIÓN (Posible solución)

Tal y como se ha comentado con anterioridad, las actividades tendrán que considerar la importancia que tiene en estas edades el juego. Así se podrán proponer distintos tipos de juegos:

- Libros sobre actividades motoras orales de juego.
- Repetición de sonidos a través de DVD.
- soplar para hacer pompas de jabón.
- Repetir posturas bucales con espejos.
- Hacer carreras soplando pequeñas hojas que hayan caído de los árboles.
- Poner "morritos" y tirar "besitos".
- Etc.

¿Qué, cómo y cuándo evaluar?

Es la actividad valorativa que se realiza en la última etapa del ciclo de diseño y de realización de un plan o programa y que consiste en la emisión de un juicio tras la recogida de la información suficiente.

Es muy importante hacer notar el carácter de herramienta al servicio de los objetivos educativos, exigiéndole a la evaluación que sea continua y formativa para que así permita extraer el máximo potencial de mejora.

Este tema se concretará en un próximo apartado donde se tratará de abordar de manera un poco más específica en qué consisten los procedimientos evaluativos que se llevarán a cabo en los programas de adquisición de hábitos de alimentación del ACNEE.

2.2. Alimentos blandos: movimientos de apertura y cierre

La masticación es un tipo de movimiento rítmico que se inicia y termina por control voluntario. Una vez iniciado el proceso se realiza en una secuencia predeterminada y más o menos estable que varía en función de la consistencia del alimento y de los estímulos sensoriales que se reciben durante su masticación proveniente de la boca, los músculos y las articulaciones.

Es por ello por lo que se puede decir que la masticación se caracteriza por ser:

- Condicionada: por estos estímulos sensoriales.
- Aprendida: que varía dependiendo de las características físicas de la persona.
- Automática: que se regulará de forma inconsciente y dependiendo de la consistencia del alimento, en cuanto a:

  - La magnitud de la fuerza masticatoria.
  - La presión masticatoria.
  - Número de golpes masticatorios.

La actividad motriz masticatoria es una actividad compleja que está basada en reflejos condicionados, los cuales están en estrecha relación con:

a. La oclusión: acto de cerrar la boca donde se da una relación de contacto con los dientes de cada individuo.
b. El periodonto: formado por encía, cemento dentario, ligamento periodontal y hueso alveolar.
c. Los músculos masticadores.
d. Las articulaciones temporomandibulares.

En la masticación existen patrones de movimiento. Estos son:

- Movimiento de apertura y cierre.
- Movimiento protrusivo.
- Movimientos laterales: izquierda y derecha.

A mayor apertura los movimientos horizontales son más pequeños. Según el tipo de alimento que se mastique predomina uno u otro movimiento. Así en:

- Alimentos blandos: predominan los movimientos de apertura y cierre.
- Alimentos duros: predominan los movimientos laterales.

 Actividades

4. Explique por qué predominan los movimientos de apertura y cierre en los alimentos blandos.
5. Realice un cuadro-resumen sobre los elementos que forman parte de un programa de intervención.

Todo lo anterior lleva a la conclusión de que la dieta indicada para el alumnado que presenta alguna dificultad para masticar alimentos se denomina dieta blanda mecánica o de fácil masticación. Esta dieta requiere de más movimientos verticales (de apertura y cierre) y un menor desplazamiento lateral de la mandíbula, requiriendo así menos fuerza y presión masticatoria.

 Nota

La amplitud del movimiento de apertura: varía desde los 20-25 mm hasta los 50 mm. Esto depende de:

▪ Tamaño, consistencia y dureza del alimento.
▪ Etapa de la masticación.
▪ Características anatómicas del individuo.

La duración: 0,5 a 1 s. Esta depende de:

▪ Grado de desmenuzamiento: mientras más grande, más largo es el ciclo.
▪ Dureza: mientras más duro, más largo será el ciclo.
▪ Consistencia: más pegajoso, más largo será el ciclo.

El contacto dentario:

▪ Duración: 200 a 400 milisegundos.
▪ Frecuencia: 0,7 contactos por ciclo. Estos aumentan con la fragmentación.

Esta dieta está indicada para personas que tienen alguna dificultad mecánica para masticar alimentos debido a:

- Falta de coordinación muscular.
- Falta de piezas dentales.
- Limitaciones de movilidad de la lengua.
- Engrosamiento de las encías provocadas por algunas medicaciones.

Este tipo de dietas se caracterizan por la modificación de la textura de los alimentos considerados como duros (pan, carne, verduras y frutas crudas, quesos muy curados, frutos secos, etc.) y la de aquellos alimentos concretos con los que el ACNEE tiene problemas.

Así, los alimentos sólidos enteros deben, en la medida de lo posible, ser cocidos (con cocciones suaves para que mantengan el mayor número de propiedades posibles) y presentados en caldos o purés poco triturados, o bien preparados de manera que no conlleven una dificultad extrema en su masticación, como por ejemplo:

- Carne picada
- Croquetas
- Arroz y pasta (bastante cocidas)
- Patatas asadas mejor que fritas
- Pescados blancos
- Legumbres
- Huevo (cocido o en tortilla)
- Verduras a la plancha
- Frutas maduras y asadas o en compota
- Yogur
- Bollería más refinada (pan de molde)

*Suele ocurrir que en dietas blandas se abuse de los productos
lácteos produciendo un exceso de calcio en el organismo.*

Se debe ingerir en pequeñas cantidades, cuidando de que ambos lados de la boca reciban alternativamente la comida y que el alumnado se sirva de la lengua para desplazar el bolo alimenticio.

Nota

Los músculos involucrados en la masticación son:

▌ El que permite el movimiento de apertura:

   ▪ Pterigoideo externo (actúa en el primer tiempo de la depresión).

▌ Los que permiten el movimiento de cierre:

   ▪ Vientre anterior digástrico.
   ▪ Milohioideo y genihioideo.

▌ Los músculos que fijan hiodes que permiten actuar a los depresores:

   ▪ Suprahioideos (vientre posterior del digástrico y estilohioideo).
   ▪ Infrahioideos esternocleidohioideo, esternotiroideo, tirohioideo y omohioideo.

2.3. Alimentos duros: movimientos laterales

Como se ha dicho, si un ACNEE tiene dificultades masticatorias debe introducírsele una dieta blanda o de fácil masticación, y se trabajará con ellos movimientos de mandíbulas que requieran mayor dificultad y precisión para animar y entrenar al niño a que muerda y mastique sin peligro alimentos de mayor consistencia.

Así, para estimular la masticación y los movimientos laterales que se utilizarán para la trituración de los alimentos duros se deberá tener en cuenta que:

■ Inicialmente no se deben realizar los ejercicios durante las horas de las comidas.
■ Se elegirá un momento en el que el alumno se encuentre tranquilo.
■ Habrá que asegurar que el niño mantiene una posición correcta (se encuentra bien apoyado) y estable.

- Se eliminará todo elemento de distracción: TV, tabletas, ordenadores, otras personas, etc.
- Si el alumnado está resfriado no se intentará, ya que la deglución del bolo alimenticio está íntimamente relacionada con la respiración.
- Se parará el ejercicio si el niño está molesto o angustiado.
- Se comenzará con la utilización de objetos como son los anillos de dentición (con estrías) o saquitos de mascar donde se introducirán alimentos duros que no se disuelvan en la boca como puedan ser: frutos secos de trozos grandes (plátano seco, albaricoque, etc.), un palo de regaliz, una zanahoria, etc., y en general, con alimentos u objetos que se puedan agarrar por el otro lado o sacar de su boca si fuese necesario.
- Se colocará el objeto en la boca entre los dientes y habrá que asegurar que está colocado de tal forma que no tensiona los labios.
- Se empezará por un lado y se continuará por el otro promoviendo que la mordida sea bilateral.
- Si el niño no lo mastica se ha de retirar de forma suave o empujando hacia abajo, asegurando que no se queda ningún trozo en la boca.
- Cuando crea que el alumno tiene confianza en su habilidad para morder un alimento duro por sí solo, se empezará a dar alimentos duros que se disuelvan: galletas, *snacks* (galletitas saladas), patatas fritas, etc.

Pero, ¿qué alimentos se consideran duros?

- El pan, sobre todo si tiene semillas o es integral.
- La fruta y verdura fresca.
- Las carnes magras.
- Los frutos secos: garbanzos, almendras, nueces, pistachos, etc.
- Moluscos (mejillones, pulpo, vieiras, etc.).
- Caramelos.
- Etc.

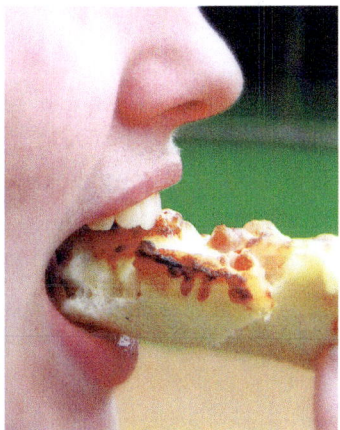

Para masticar un alimento duro y fibroso se requerirá un mayor trabajo que se traducirá en un importante estímulo para el correcto crecimiento de los huesos de la cara, boca y cráneo.

2.4. Tonificación de los músculos que intervienen en la masticación

El tono muscular, también conocido como tensión muscular residual o tono, es la contracción parcial, pasiva y continua de los músculos. Ayuda a mantener la postura y suele decrecer durante el sueño.

Se refiere, por tanto, a la tensión que muestran los músculos cuando se encuentran en estado de inmovilidad, la cual es mantenida gracias a la acción de las unidades motoras respectivas y gracias al correcto funcionamiento miotático.

Existen trastornos físicos que pueden hacer que haya un tono muscular demasiado bajo (hipotonía) o demasiado alto (hipertonía), estos trastornos asociados a los músculos que intervienen en la masticación pueden causar que no se realice el proceso de forma correcta y que se trague directamente el alimento lo que podría producir un problema serio en la digestión que implicaría:

- Disminución de la superficie del alimento para la acción enzimática.
- No se estimularía la secreción salival y de jugo gástrico.
- Alargaría el periodo digestivo.
- Aumenta la tensión gastrointestinal (puede provocar colon irritable).

Así, para solucionar este problema se han de plantear ejercicios como:

- Masajes circulares y pequeños toques con las yemas de los dedos por toda la zona del masetero.
- Pedir al niño/a que contraiga los músculos de la boca.
- Pedir al niño/a que infle las mejillas.
- Introducir en la boca un dedo o una espátula y distender con ellos la mejilla.
- Practicar el bostezo para ayudar a estimular y estirar los músculos del paladar, faringe, lengua y labios.
- Etc.

Actividades

6. Busque actividades que pueden resultar interesantes para trabajar el tono de los músculos que intervienen en la masticación.
7. Señale qué es el bostezo y explique por qué se produce.

2.5. Control de la boca cerrada

Si no se puede cerrar la boca, no se puede realizar una adecuada deglución, ya que la boca cerrada evita que la saliva y el alimento salgan fuera de la boca.

La mandíbula se mantiene cerrada siempre que se produzca una estimulación de la zona peribucal (alrededor de la boca) en dirección al cierre de la propia mandíbula y de los labios.

Si existe una anomalía facial, y el cierre de los labios es asimétrico, la estimulación que se debe llevar a cabo con ese/a alumno/a debe ir encaminada al refuerzo del lado que esté más afectado.

Cuando se esté en el comedor escolar las intervenciones (si aún no ha adquirido el control de cierre de la boca) serán:

Si el/la niño/a tiene una hipertonía que dificulte el cierre de los labios se ha de introducir el dedo índice dentro de la boca y realizar un estiramiento, pudiéndose intercalar con pequeñas sacudidas para disminuir el tono. Así, por el contrario, si el alumnado presenta una hipotonía mandibular y no consigue cerrar la boca se deberá procurar que el niño mantenga la lengua dentro de la boca y la boca cerrada, apretando en la base de la lengua (debajo de la barbilla) hacia arriba y hacia delante.

Por otro lado los ejercicios o actividades que se deben realizar para trabajar el control de la boca cerrada deben ser entre otros:

- Presionar con los labios objetos de diferentes grosores.
- Beber líquidos en vaso y/o taza.
- Sorber líquidos con pajita.
- Silbar.
- Etc.

Estos ejercicios no deben ser realizados en los momentos de comedor, ya que el alumnado puede sentirse intimidado o angustiado por la presencia de los demás compañeros o profesorado que se encuentren en ese contexto.

Aplicación práctica

María es una ACNEE de 12 años que presenta síndrome de Down. Es una niña que se encuentra escolarizada en el aula ordinaria y que tiene dificultades para controlar el babeo y la boca cerrada.

¿Es necesario plantear un programa de adquisición de hábitos de alimentación?

Si la respuesta es afirmativa indique qué tipo de programa debería aplicarse y cuáles serían sus principales objetivos y contenidos.

Continúa en página siguiente >>

<< Viene de página anterior

SOLUCIÓN

Los niños con síndrome de Down muestran algunas diferencias anatómicas (funcionales) y fisiológicas (estructurales) en las áreas de la boca y la garganta que da lugar a una postura abierta de la boca y a la lengua saliente. Sin embargo, que tenga estas características físicas no quiere decir que no pueda mejorarlas e incluso evitar esas conductas que ya tiene adquiridas.

Por eso sí es conveniente considerar un programa de adquisición de hábitos de alimentación en cuanto al control del babeo y a boca cerrada cuyo objetivo fundamental sea:

I Adquirir el tono muscular suficiente para un mejor control de los movimientos orales.
I Asimilar técnicas de control de babeo y boca cerrada.

Y en cuanto a los contenidos:

I Músculos que intervienen en la alimentación.
I El babeo.
I La presión de los labios y la boca cerrada.
I La lengua.

2.6. Control de la quijada

Se denomina quijada al hueso plano en forma de herradura perteneciente a la mandíbula y que se encuentra en la parte inferior y anterior de la cara. Esta parte baja de la mandíbula es la que se tendrá que controlar con la mano cuando los músculos de la boca no respondan de manera correcta.

Así, mientras se está en el comedor escolar la respuesta ante la falta de control en la quijada se realizará dependiendo de la posición en la que se encuentre el monitor, siendo de la siguiente manera:

■ Control de la mandíbula cuando el niño está sentado a la derecha del adulto. Se sitúa el brazo en torno a la cabeza del educando, se coloca el dedo pulgar sobre la mandíbula, el índice entre el labio inferior y el mentón, y el dedo corazón detrás de la barbilla ejerciendo una presión firme e invariable.

■ Control de la mandíbula aplicado desde el frente. El dedo pulgar se sitúa entre el mentón y el labio inferior, el índice en la mandíbula y el corazón se dispone firmemente por debajo de la barbilla.

Control mandibular frontal y lateral

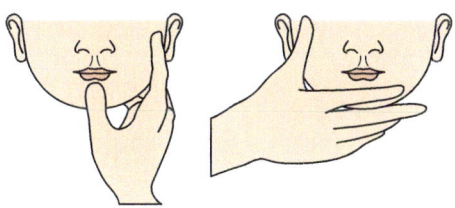

Por otro lado, para ejercitar el control de la quijada se deberán planificar actividades (fuera del comedor escolar) que refuercen los músculos de la boca:

■ Realizar movimientos rítmicos de mandíbula para trabajar la apertura y cierre de la boca.
■ Movimientos laterales de trituración.
■ Se introducirá un trocito de jamón serrano en la mandíbula y se cerrará controlando la quijada.
■ Con el mismo trocito de jamón que en el ejercicio anterior se tirará del alimento hacia afuera y se abrirá la boca.
■ Se sostendrán con los dientes y muelas objetos de diferente grosor.
■ Etc.

3. Evaluación: registro

Si los objetivos y los contenidos del programa de adquisición de hábitos de alimentación del ACNEE se han seleccionado de acuerdo con las características propias del alumno destinatario de la intervención, será obligatorio personalizar también la evaluación adaptándola a sus peculiaridades. La evaluación se realizará por tanto en función de los objetivos y de las áreas de intervención que se hayan planteado en el diseño, considerando como diseño la planificación realizada antes de cualquier actuación en la que sea necesaria una valoración previa de la situación real con la mayor precisión posible.

La finalidad del diseño no es establecer un inventario de problemas del alumno, sino que habrá que entenderlos en el contexto en que estos se producen y extraer un modelo explicativo del estado actual (de la situación de la que se parte) para plantear una intervención lo más ajustada a la realidad posible.

Una vez detectada la necesidad se priorizarán los objetivos para facilitar la tarea de seleccionar y diseñar los métodos de recogida de información necesarios.

A lo largo de todo el programa se llevará a cabo una valoración continua a través de la observación y registro de los datos para una revisión constante de las actuaciones.

En un momento posterior se realizará una evaluación final del programa de intervención con el ACNEE, y dadas sus dificultades para generalizar sus aprendizajes, lo que ha aprendido habrá de demostrarlo, ya que lo que hace en una determinada situación puede no realizarlo igual en otras circunstancias. Así, se puede decir que el objetivo se habrá conseguido cuando sea capaz de ejecutarlo en diferentes momentos y ante diferentes personas.

Además, el especialista de apoyo educativo deberá también evaluar la propia labor para mejorarla. Esta evaluación contendrá tanto la evaluación didáctica (los procesos de enseñanza), como el propio programa individual (los procesos de aprendizaje del alumnado).

Todas las conclusiones emitidas en los procesos de evaluación anteriormente explicados serán recogidos mediante informes de evaluación que se concretarán en un documento funcional denominado memoria de evaluación, y cuya principal finalidad será la de recoger todas las valoraciones (tanto positivas como negativas) para un mayor ajuste ante el replanteamiento del programa.

3.1. Registro y análisis de datos

Para la consecución de la evaluación continua, tal y como se comentó anteriormente, se debe realizar una recogida de datos, pudiéndose esta efectuar mediante observaciones, pruebas estandarizas, entrevistas, cuestionarios, registros, etc. que permitan una valoración cualitativa del progreso del alumno o de la alumna en función de él mismo, y no sobre la base de una norma o criterio externo o en comparación con sus compañeros.

Pero, ¿qué datos se deben tener en cuenta a la hora de registrarlos? ¿Cuáles no?

Existen dos formas diferentes de analizar los datos y en función de estas así serán los registros que se deban realizar: topográfico y funcional.

Tipo topográfico

Consiste en identificar las manifestaciones, conductas y logros que presenta un ACNEE en los tres sistemas de respuestas: motoras, fisiológicas y cognitivas. Igualmente se deben precisar los parámetros de las mismas: frecuencia, duración e intensidad.

Este tipo de recogida de datos se realiza tanto para hacer un análisis inicial, como para efectuar el seguimiento del programa.

El triple sistema de respuestas es el modo de responder de cada persona ante las distintas situaciones:

- **Respuestas motoras:** aquellas respuestas que muestran lo que la persona hace o no hace. Son respuestas visibles y observables, por lo que también se les llama externas. Comprende la conducta verbal y no verbal, así como los actos motores.
- **Respuestas fisiológicas:** hace referencia a las distintas sensaciones que ocurren dentro del organismo (internas) y no son observables por los demás. Por ejemplo: el dolor de la mandíbula. Algunas pueden ser en ocasiones visibles, y por eso podrían incluirse como respuestas externas (como por ejemplo: la tensión de la mandíbula, sudoración, etc.).
- **Respuestas cognitivas:** se incluyen los pensamientos, imágenes, opiniones, creencias, atribuciones, sentimientos, etc. Estas tampoco son observables por los demás.

Para completar la recogida de datos de tipo topográfico es importante cuantificar distintos parámetros con el fin de determinar si el problema es continuado por exceso o por defecto. Así, estos parámetros son:

- **Frecuencia:** se refiere al número de episodios de una conducta por unidad de tiempo.
- **Duración:** hace referencia al tiempo que duran los episodios de conducta.
- **Intensidad:** supone la fuerza con que se emite la respuesta.

Otros aspectos a tener en cuenta a la hora de recoger los datos de seguimiento del programa para su posterior análisis son:

- El comportamiento.
- La autoestima y motivación.
- Las expectativas.
- Las relaciones sociales.
- Extrapolar los aprendizajes a otros contextos.
- Etc.

 Nota

A la hora de recoger datos es siempre interesante analizar el deseo de avanzar (motivación hacia el programa), y para esto resulta básico que el educando crea en sí mismo, es decir, que tenga una autoestima alta. De esta premisa depende en parte la evolución del educando, su avance o retroceso.

Tipo funcional

Una vez definidas las conductas-problemas y realizado el seguimiento a través del análisis topográfico para ver el progreso o mantenimiento de las conductas, la evaluación ha de completarse con la determinación de las variables que han ocasionado la aparición de dichos comportamientos (tanto los positivos como los negativos).

Y para ello se recurre a la recogida de datos funcional que tendrá como objetivo obtener la información relacionada con cada uno de los elementos básicos y determinar las relaciones establecidas entre ellos.

Consiste en identificar las variables antecedentes y consecuentes (tanto externas como internas) que controlan una conducta, para así establecer las relaciones de probabilidad entre tales variables y dicho comportamiento y conocer la incidencia final del proceso de enseñanza-aprendizaje.

Los elementos que forman parte del tipo funcional son:

- **Estímulos antecedentes:** son aquellos hechos que ocurren inmediatamente antes de la emisión o aparición de una conducta y que tienen una relación funcional con la misma.
- **Variables orgánicas:** son determinadas características personales específicas que se encuentran presentes y que son capaces de entorpecer y/o contribuir a la consecución de una conducta determinada.

  - Características biológicas:

    - Anteriores: factores hereditarios, perinatales o prenatales.
    - Actuales: condición física, enfermedades, traumatismos, ingesta de fármacos, etc.

  - Actitud que posee el alumnado y que va a permitir sustituir las conductas problema por conductas más adaptativas.
  - Historia de aprendizaje: consiste en los modelos que ha tenido la persona a lo largo de su vida que han producido una consecuencia negativa o que han de promover la utilización de instrumentos inadecuados en cuanto a su funcionamiento global, y de manera más específica han ayudado al mantenimiento de la dificultad existente.

- **Respuesta:** descripción (lo más objetiva posible) de las conductas emitidas por el alumno.

■ **Estímulos consecuentes:** son aquellos acontecimientos que ocurren como resultado de los procesos de enseñanza- aprendizaje y que inciden sobre que el comportamiento se mantenga o no.

    ▪ Externos: son los efectos o cambios que se producen en el contexto educativo del alumno y que con su actuación contribuyen al mantenimiento del problema o a su solución.

    ▪ Internos: son los efectos o cambios producidos en la propia persona y que se convierten en mantenedores o no del problema. Por ejemplo, la disminución del nivel de control en la quijada.

Para llevar a cabo con más facilidad un posterior análisis de estos datos recogidos de tipo funcional podría realizarse, por ejemplo, una ficha de registro anecdótico como esta:

Registro anecdótico	
Alumno/a: Observador/a:	Lugar/Contexto: Fecha y Hora:
Antecedentes:	
Incidente:	
Consecuencias:	
Interpretación:	
Observaciones:	

Plantilla de ficha de registro anecdótico

Aplicación práctica

Suponga que está desarrollando un programa de masticación con un ACNEE y que en el momento del almuerzo, dentro del comedor, este alumno, que normalmente come comida blanda o semilíquida, decide que hoy quiere tomar un trocito de pan por sí mismo.

¿Qué debe hacer? ¿Cómo se debe registrar esta conducta tan positiva?

SOLUCIÓN

En un primer momento y, a pesar del temor a un posible atragantamiento, se deberá confiar en el alumno, evitando así la sobreprotección para no caer en laxitud en cuanto a las exigencias que hay que cumplir.

Por otro lado deberá afrontarse como algo muy positivo (tanto si se lo come todo como si se atraganta un poco con los primeros bocados) que habrá que recoger y valorar mediante una ficha de registro anecdótico para tenerlo en cuenta en futuras actuaciones.

Para poder rellenar esta ficha de registro se debe observar detenidamente los aspectos que sucedan en la ingesta del trocito de pan y ponerlos en relación con las variables adoptadas que tenía el niño para un posterior análisis del proceso de enseñanza-aprendizaje.

4. Técnicas de entrenamiento: instrucción verbal, modelado de la conducta, imitación y ensayo de la conducta, reforzamiento, encadenamiento, generalización u otras

A la hora de llevar a cabo actuaciones específicas con el ACNEE se debe tener en cuenta algunos principios que ayuden a desarrollar una atención más acorde a la casuística de este alumnado, así estos principios serían:

- Situar al ACNEE en los grupos en que mejor pueda trabajar con sus compañeros.
- Introducir algunos métodos y técnicas de enseñanza- aprendizaje específicos para este alumnado en cuanto a los contenidos referidos a los programas individuales de adquisición de hábitos de alimentación.

- Utilizar técnicas, procedimientos e instrumentos de evaluación distintos a los del grupo de referencia.
- Globalizar aprendizajes.
- Impulsar una metodología flexible, activa, participativa y funcional.
- Determinar los apoyos más idóneos para cubrir las necesidades del ACNEE en todo momento.

Así, siguiendo estos principios se realizarán las intervenciones mediante la utilización de técnicas para la adquisición y consolidación de habilidades necesarias para una adecuada alimentación, siendo estas:

- La instrucción verbal
- El modelado de conducta
- Imitación y ensayo de conducta
- Reforzamiento
- Encadenamiento
- Generalización

4.1. Instrucción verbal

Consiste en la utilización del lenguaje oral con la finalidad de controlar la conducta (aumentarla, mantenerla, reducirla, eliminarla). Las instrucciones han de describir de forma verbal la conducta a realizar e incluye explícita o implícitamente las consecuencias que se seguirán.

El uso exclusivo de instrucciones verbales para modificar un comportamiento tiene generalmente efectos limitados o temporales a no ser que estas instrucciones vayan acompañadas de las consecuencias oportunas por cumplirlas o incumplirlas.

En ocasiones, en vez de instrucciones verbales, pueden emplearse gestos con la misma finalidad. Un maestro/tutor puede señalar y/o dirigir la vista hacia los materiales esparcidos por el aula para que este los recoja.

Para la aplicación de las instrucciones verbales de manera correcta se debe procurar:

1. Conseguir la atención del alumno a la que van dirigidas las instrucciones. Este/a niño/a debe mirar a la cara del que le habla y, preferiblemente a los ojos. Esto puede conseguirse con sugerencias u órdenes verbales o, en caso necesario, con guía física.
2. Las instrucciones deben ser formuladas de modo comprensible para el/la alumno/a concreto al que van dirigidas. Han de ser claras, sencillas y breves: hay que hablar poco e ir directamente al grano. Es conveniente asegurarse mediante las preguntas oportunas sobre si el/la alumno/a ha comprendido las instrucciones.
3. Las instrucciones se deben dar sin ambigüedades ni rodeos. No deben formularse como preguntas.
4. Dar a la persona una o más razones para realizar la conducta.
5. Las instrucciones que le puedan resultar complejas deben ser descompuestas en pasos más sencillos.
6. Ser gradualmente secuenciadas desde las conductas fáciles a las más difíciles para el alumno concreto.
7. Se procurará dar con un tono seguro, pero de forma agradable y cordial. Siempre que sea posible, da mejor resultado presentarlas como sugerencias que como órdenes, ya que estas últimas suelen reducir la colaboración.
8. No deben coincidir distintas instrucciones que tengan que ser llevadas a cabo de forma simultánea cuando esto sea incompatible.
9. Las instrucciones del tipo orden no deben ir acompañadas de guía física, ya que esto puede interferir en el cumplimiento de las mismas.
10. Cuidar que las instrucciones no interrumpan una actividad agradable que el ACNEE esté haciendo.
11. Debe informarse a la persona de las consecuencias por cumplir y/o no cumplir las instrucciones, y estas consecuencias deben ser aplicadas rígidamente.
12. Si la persona no sigue las indicaciones tras dejar un cierto espacio de tiempo, se le volverán a mencionar de nuevo de forma tranquila. Se fijará un tiempo para comenzar a seguirlas y se recordarán las consecuencias que se emplearán si no se siguen las indicaciones.
13. No repetir las indicaciones muchas veces en lugar de asignar una consecuencia, ya que esto puede llevar a convertirlas en ineficaces.
14. Tras aplicar las consecuencias en caso de incumplimiento debe pedirse de nuevo al ACNEE que cumpla las instrucciones. Si no lo hace, deben

volver a aplicarse las consecuencias y así sucesivamente hasta que el/la niño/a siga las instrucciones de manera adecuada.

15. Se eliminarán gradualmente las instrucciones cuando se pretenda que la conducta se mantenga controlada solo por otros estímulos ya presentes en la situación.

Definición

Guía física

Consiste en la inducción de una forma de actuar mediante la colocación o guía física de las partes pertinentes del cuerpo de la persona. La guía física se puede utilizar para instruir a alguien a seguir indicaciones e imitar modelos, de tal forma que estos últimos procesamientos puedan ser empleados para establecer otros comportamientos.

Un ejemplo sería guiar las manos del alumno que tiene un cubierto para que aprenda a metérselo en la boca.

4.2. Modelado de la conducta

Consiste en exponer al ACNEE a la conducta de un modelo para que este ejecute una conducta similar y se fije en las consecuencias que recibe (reforzamiento positivo, ausencia de castigo, etc.). De este modo, un niño o una niña puede aprender una habilidad que no tenía (adquisición), aumentar esa habilidad que ya estaba en su repertorio (facilitación), o desinhibirla porque había sido anteriormente castigada.

El modelado puede ser directo (llevado a cabo por una persona presente) o simbólico (grabación de vídeo o audio).

Las pautas a seguir para la correcta aplicación de esta técnica serían:

1. Seleccionar modelos que para el ACNEE sean figuras realistas de referencia. Es importante la similitud en edad (aunque en el caso de los

niños, les encanta imitar a los adultos), sexo, etnia, y que los modelos sean vistos por el/la alumno/a como personas competentes y con prestigio o estatus.

2. Utilizar más de un modelo siempre que sea posible. Esto hace más creíble lo observado. El número de modelos observados influye en la probabilidad de que la conducta correcta sea adquirida.

3. La dificultad de la conducta modelada no debe sobrepasar la capacidad del ACNEE. Si el comportamiento es bastante complejo, el modelado debe graduarse empezando por lo más fácil y avanzando hacia conductas más difíciles. Habrá que adaptar a cada alumno la graduación de las actividades modeladas, el número de demostraciones, la duración de las mismas, su repetición, etc.

4. Las situaciones modeladas deben ser lo más realistas posibles para acrecentar la generalización.

5. El ACNEE debe ver el modelo cuando realiza la conducta y fijarse en esta conducta a observar y las consecuencias positivas por cumplir la conducta modelada.

6. Tras la observación del modelo se puede comentar con el alumno la actuación (para asegurarse de que identifica los elementos importantes), debatir las repercusiones de esta actuación y preguntar al ACNEE en qué medida ve oportuno en su caso seguir dicha actuación.

7. Otorgar reforzadores cuando el ACNEE realice el comportamiento modelado.

8. Hay que eliminar gradualmente las situaciones de modelado cuando sea necesario para que la conducta pase a ser controlada por otros estímulos naturales que no sean el modelo.

 Sabía que...

Según Cormier y Cormier (1994) el modelado es el proceso de aprendizaje donde la conducta de un individuo o grupo (el modelo) actúa como estímulo para los pensamientos, actitudes o conductas de otro individuo o grupo que observa la ejecución del modelo.

4.3. Imitación y ensayo de la conducta

La imitación significa que se replica la conducta de alguien, pero a diferencia con el modelado, esta solo muestra el resultado de una serie de procesos mentales que se supone han llevado a una persona a la conducta específica que se pretendía.

El modelo por su parte no deja de ser una representación de la realidad y por tanto tiene en cuenta parte de la información, dejando de lado otra clase de información por razones prácticas (excesiva información de cálculo, poca trascendencia). También la conexión entre la información es sensiblemente diferente a la original. Sumándolo todo se puede decir que provoca solo una aproximación a la realidad (el proceso mental que lleva a la conducta que se observa).

Por tanto, se puede decir que la imitación es una técnica natural (innata en el ser humano) que juega un papel muy importante en la adquisición de la conducta. Al observar el comportamiento de los demás y las consecuencias de las respuestas, el individuo que observa puede aprender nuevos comportamientos o variar las características del orden de respuestas, sin llevar a cabo por sí mismo ninguna respuesta expresa ni recibir un refuerzo directo.

Una vez que se imita de manera casual la conducta por primera vez, el comportamiento se perfecciona mediante la técnica de ensayo-error, es decir, una conducta imitada se refuerza mediante sucesivos tanteos y equivocaciones que se sitúan en los mismos contextos o similares. Si el ensayo tiene un efecto positivo para el alumnado este tiende a incrementar la probabilidad de su comportamiento y por tanto a consolidarlo.

4.4. Reforzamiento

Un refuerzo es cualquier estímulo que hace que aumente la probabilidad de que una conducta se repita en un futuro. La utilización de los refuerzos está considerada como una de las mejores técnicas para ayudar al alumnado a adquirir y mantener conductas deseadas.

Se pueden distinguir dos tipos de refuerzo:

a. **Refuerzo positivo:** consiste en ofrecer una recompensa (positiva) por una actuación o conducta deseada. Existen diversos tipos de reforzadores positivos:

- Primarios, secundarios, generalizados.
- Naturales, artificiales.
- Materiales, sociales, de actividad, retroalimentación positiva.
- Extrínseco e intrínseco.

b. **Refuerzo negativo:** consiste en retirar o reducir una consecuencia negativa cuando se realiza el comportamiento deseado. Este refuerzo negativo no hay que confundirlo con el castigo, ya que este último se lleva a cabo cuando se pretende reducir la frecuencia de un comportamiento indeseable.

Por tanto los reforzamientos, ya sean positivos o negativos, aumentan la frecuencia de un comportamiento deseado, mientras que el castigo o la omisión reducen la frecuencia de una conducta indeseable.

Esto puede resumirse mediante el siguiente cuadro:

 Actividades

8. Señale qué documentos ayudan a rediseñar un programa.
9. Realice un esquema sobre los tipos y clasificaciones de técnicas que existen.

4.5. Encadenamiento

Es el establecimiento de actuaciones en un determinado orden o secuencia (cadena). En otras palabras, secuenciación de pequeñas actuaciones más simples que suponen una sola actuación de mayor complejidad para el ACNEE.

Cada conducta de la cadena, excepto la última, constituye o genera una señal o estímulo discriminativo para la siguiente respuesta. Cada conducta de la cadena, y todas excepto la primera, sirven de reforzador condicionado para la anterior.

Cadenas típicas de conductas son: vestirse, asearse, bañarse, comer, etc. y existen dos modos básicos de enseñar una cadena de conductas:

- El encadenamiento mediante tarea total (enseña 1234, enseña 1234, enseña 1234,...). La persona realiza en cada ensayo de más a menos ayuda todos los componentes de la cadena (1, 2, 3, 4) desde el principio hasta el fin, siendo reforzada por ello, y sigue así ensayo tras ensayo hasta que es capaz de ejecutar toda la cadena sin ayuda (Martin y Pear, 1999).
- El encadenamiento mediante tarea parcial. La persona debe aprender la cadena por partes y luego combinar los distintos pasos para formar la cadena completa. Dentro de este tipo de encadenamiento pueden distinguirse:

  - Encadenamiento parcial puro: (enseña 1, enseña 2, enseña 3, enseña, 4, enseña 1, 2, 3, 4).
  - Encadenamiento parcial progresivo: (enseña 1, enseña 2, enseña 1,2, enseña 3, enseña 1, 2, 3, enseña 4 enseña 1, 2, 3, 4).
  - Encadenamiento hacia adelante (enseña 1, enseña 12, enseña123, enseña 1234).
  - Encadenamiento hacia atrás (enseña 4, enseña 34, enseña 234, enseña 1234).

Para aplicar el encadenamiento es necesario:

1. Identificar las unidades de la cadena que sean lo bastante simples como para ser aprendidas sin gran dificultad por el ACNEE a quien se va a enseñar la cadena. En otras palabras, desmenuzar la tarea.

2. Determinar qué habilidades de la cadena tiene ya adquiridas y cuáles tendrán que ser enseñadas.

3. Enseñar al alumnado aquellas conductas simples de la cadena que no sepa realizar.

4. Ejercitar la cadena en la secuencia adecuada haciendo que cada paso sea seguido por el siguiente y no por otro que esté más adelante o más atrás.

5. Antes de pedir a la persona que actúe, trabajar toda la cadena de conductas mientras se describe verbalmente la ejecución de cada paso. Luego pedir al alumno que empiece.

6. Si fuesen cadenas muy largas, dividirlas en secuencias más cortas.

7. Si la persona no comienza un paso (1, 2, 3, 4) o se para o se distrae mientras lo realiza, usar una ayuda verbal de motivación.

8. Si se comete un error en un paso simple (1, 2, 3, 4) corregirlo y proceder con el siguiente paso. Si se comete un error en una secuencia (12, 123, 1234) corregirlo y repetir la secuencia, excepto en el encadenamiento mediante tarea total en el que se sigue adelante con la secuencia.

9. A través de sucesivos ensayos, utilizar un procedimiento de desvanecimiento gradual para eliminar lo más rápidamente posible los apoyos que haya podido necesitar el niño para realizar algunos de los pasos de la cadena.

10. Si se emplea encadenamiento hacia adelante o hacia atrás, cerciorarse de que en cada ensayo la persona realiza todos los pasos de la cadena aprendidos hasta ese momento.

11. En las primeras etapas utilizar reforzamiento (a ser posible de tipo social, por ejemplo: aplausos) para la correcta puesta en marcha de los pasos individuales de la cadena. Luego, disminuir este reforzamiento a medida que el ACNEE vaya ganando en habilidad y entregarlo solo al final de la cadena.

? | Sabía que...

El encadenamiento hacia delante, que se ajusta al orden de tareas de principio a final, es el proceder más razonable en la enseñanza de habilidades de autonomía personal y es de hecho la forma más practicada.

4.6. Generalización

Los comportamientos aprendidos o reforzados bajo unas condiciones concretas tendrán también una alta probabilidad de suceder bajo condiciones parecidas e incluso distintas.

No solo es necesario enseñar una técnica o destreza para que esta se transfiera universalmente, el proceso de generalización no se da de forma espontánea y natural. Para que ello ocurra se requiere de un entrenamiento específico en generalización dentro del programa de intervención o del programa educativo.

Las guías que se deben seguir a la hora de llevar a cabo un proceso de generalización son:

1. Insistir para que el alumno investigue y reconozca los elementos comunes a la situación de aprendizaje y a la situación de generalización.
2. No suspender repentinamente el programa.
3. Entrenar la conducta en situaciones estimulantes diferentes, exponiendo gradualmente al ACNEE en esas situaciones.
4. Sustituir gradualmente los apoyos artificiales utilizados en la fase de entrenamiento por aquellos que normalmente funcionan en el contexto natural en el que se desenvuelve el niño.

Aplicación práctica

Juan es un ACNEE con el que se está llevando a cabo un programa de masticación en el que se está intentado que progrese de una dieta blanda a una dura.

Con este fin y aprovechando que hoy era el cumpleaños de un niño muy amigo suyo en el comedor, se le ha propuesto que después de comer pruebe un trozo de tarta de hojaldre con frutas frescas.

¿Qué técnica considera que podría ser la más apropiada para convencer a Juan de la realización de la actividad? Razone la respuesta.

SOLUCIÓN

Se podrían dar diversas técnicas:

▌ Modelado: como el cumpleaños es de un amigo suyo pedirle a este amigo que le acompañe y se tome la tarta con él, creando así un momento agradable y divertido para Juan.
▌ Refuerzo positivo: recompensarlo jugando a lo que más le guste en caso de que se tome el pastel.

---

5. Resumen

Los programas de adquisición de hábitos de alimentación del ACNEE están diseñados para que este alumnado pueda beneficiarse de un régimen más llevadero y soportable, esperando así una mejora en su calidad de vida.

Para la ejecución de estos programas es necesario concretar previamente varios aspectos, tales como las técnicas y pautas que derivarán directamente de a quién se dirige el programa y qué objetivos se pretenden.

Así, por ejemplo, para la puesta en marcha de un programa de masticación se deben abordar temas como:

■ Las pautas, normas o estándares que aseguren la uniformidad del programa. Estas pautas servirán para guiar la secuenciación de los contenidos:

▪ Conceptuales:

- ▪ La masticación
- ▪ La lengua
- ▪ Los dientes
- ▪ Las mandíbulas
- ▪ Las mejillas y los labios

▪ Procedimentales:

- ▪ Movimientos de apertura y cierre.
- ▪ Movimientos laterales.
- ▪ Tonificación de los músculos que intervienen en la masticación.
- ▪ Control de la boca cerrada.
- ▪ Control de la quijada.

▪ Actitudinales:

- ▪ Constancia e implicación en las actividades y rutinas del programa.
- ▪ Disfrutar de las diferentes texturas en las que se presenta el alimento.
- ▪ Colaboración en la exploración y/o estimulación de la boca.

▪ La metodología mediante el uso de técnicas de entrenamiento tales como:

- ▪ La instrucción verbal
- ▪ Modelado de conducta
- ▪ Imitación y ensayo de conducta
- ▪ Reforzamiento
- ▪ Encadenamiento
- ▪ Generalización

▪ La actividad evaluativa: concretando el qué, cómo y cuándo se debe evaluar.

Ejercicios de repaso y autoevaluación

1. Defina el significado de masticación.

_____
_____
_____
_____

2. La saliva humedece el alimento triturado hasta formar una pequeña masa pastosa, llamada bolo alimenticio y...

    a. ... hace que sea de más fácil deglución.
    b. ... hace que sea más difícil que se quede entre los dientes.
    c. ... juega un papel importante en la respiración.
    d. ... se deberá mantener en la boca para estimular las células del gusto.

3. Complete los espacios libres de la siguiente frase:

Tras formarse el _____ _____, los movimientos musculares de la lengua en la boca lo desplazan hacia la _____, continuando por el _____. La deglución está comprendida en dos actos, uno con carácter _____ y el otro _____.

4. Indique si las siguientes frases son verdaderas o falsas.

    a. Los destinatarios de un programa de masticación serán aquellos que presenten déficit en la dentadura, falta de movilidad de la lengua, fallo en el control de la mandíbula o engrosamiento de las encías.

        ☐ Verdadero
        ☐ Falso

b. Las actuaciones no serán tareas aisladas, sino que han de proceder de manera globalizada con la realidad del comedor e integrada con el resto de compañeros, generando un contexto natural a la vez que educativo.

☐ Verdadero
☐ Falso

c. No será necesario estar coordinados entre los profesionales para llevar de una manera adecuada el programa y poder así alcanzar los objetivos propuestos.

☐ Verdadero
☐ Falso

d. Las actuaciones se dispondrán de mayor a menor grado de dificultad, esfuerzo y concentración.

☐ Verdadero
☐ Falso

5. **¿Cuál de las siguientes no es una técnica de entrenamiento?**

a. La instrucción verbal.
b. Modelado de conducta.
c. Imitación y ensayo de conducta.
d. Reforzamiento.
e. Encadenamiento.
f. Generalización.
g. Guía física.

6. **Relacione el alimento con el tipo de movimiento mandibular que requiere.**

a. Fruta asada.
b. Frutos secos.
c. Pan.
d. Verdura fresca.
e. Huevo cocido.
f. Rosada a la plancha.

___ Movimiento de apertura y cierre
___ Movimientos laterales

7. ¿Qué es la quijada?

_____

_____

_____

_____

8. La evaluación se realizará en función de...

a. ... la metodología.
b. ... el seguimiento.
c. ... los objetivos y de las áreas de intervención.
d. ... los criterios de evaluación normalizados.

9. Todas las conclusiones emitidas en los procesos de evaluación serán recogidos en un documento funcional denominado...

a. ... informe de evaluación.
b. ... memoria de evaluación.
c. ... diseño de la evaluación.
d. ... diseño del programa.

10. ¿Qué tres sistemas de respuestas existen? Defínalos.

_____

_____

_____

_____

11. Termine la frase:

Las instrucciones han de describir de forma verbal la conducta a realizar e incluyen...

_____
_____
_____
_____

12. ¿Qué diferencia hay entre imitar y modelar?

_____
_____
_____
_____

13. ¿Cuál son los dos modos básicos de enseñar una cadena de conductas?

_____
_____
_____
_____

14. Complete los espacios libres de la siguiente frase:

No basta con enseñar una habilidad para que esta se _____ universalmente, el proceso de _____ no suele producirse de forma espontánea y natural. Para que ello ocurra se requiere de un _____ específico en generalización dentro del programa de intervención o del programa _____.

15. ¿Qué ítems se pueden incluir en una ficha de registro anecdótico?

_____
_____
_____
_____

Capítulo 4

Apoyos para la alimentación de un ACNEE en el centro escolar

Contenido

1. Introducción

Normalmente los alumnos y las alumnas con necesidades educativas especiales requieren de apoyos personales específicos, algunos deben realizarse directamente en las instalaciones del centro escolar o en el aula, pero otros consisten en dotar al alumnado de apoyos técnicos o materiales.

Los apoyos personales (técnicos o materiales) para el ACNEE no son accesorios opcionales, son necesidades que deben estar planificadas con anterioridad, ya que han de fomentar la participación y el aprendizaje de estos alumnos, así como a promover su independencia y bienestar personal.

Estos productos de apoyo abarcan una amplia gama que van desde, por ejemplo, utensilios tan simples como el engrosamiento del mango de una cuchara hasta el más sofisticado sistema de *software*. La aparición de nuevos apoyos progresa en paralelo al desarrollo tecnológico.

Así, a lo largo del capítulo se tratarán de concretar las ayudas técnicas que puede precisar el ACNEE para alcanzar la mayor autonomía posible en cuanto a su alimentación, como puedan ser: productos para servir comida y bebida, dispensadores de comida, cubiertos, vasos, platos y pajitas, bordes elevados y topes para platos, aparatos para dar de comer o sondas alimentarias.

Se continuará con las técnicas básicas para dar de comer y se finalizará con los protocolos de información a las familias sobre los progresos de sus hijos e hijas.

2. Ayudas técnicas para la alimentación: características

La norma UNE EN ISO 9999:2023 sobre clasificación y terminología de productos de apoyo para personas con discapacidad los define como cualquier producto (incluyendo dispositivos, equipo, instrumentos y *software)* fabricado especialmente para personas con discapacidad y que está destinado a:

- Facilitar la participación.
- Proteger, apoyar, entrenar, medir o sustituir funciones/estructuras corporales y actividades.

- Prevenir deficiencias, limitaciones en la actividad o restricciones en la participación.

El objetivo que mueve a la utilización de un producto de apoyo o ayuda técnica es desarrollar la tarea de forma autónoma o con la menor asistencia posible por parte del monitor, de una manera eficaz, segura y cómoda. Otras razones para utilizar estas ayudas técnicas serían:

- Prevenir un proceso degenerativo.
- Rebajar el esfuerzo que requiere la actividad.
- Evitar o reducir el riesgo de lesiones o accidentes.
- Disminuir o evitar el dolor.

La Asociación Americana de Terapia Ocupacional distingue dos tipos de apoyos:

1. Aquellos que sirven de ayuda técnica para obtener un desempeño adecuado de la actividad (controlador de tiempo para organizar las tareas).
2. Las adaptaciones que permiten que la persona no tenga ninguna limitación a la hora de practicar una determinada tarea.

 Sabía que...

La Ley 39/2006, de 14 de diciembre, de Promoción de la Autonomía Personal y Atención a las Personas en Situación de Dependencia establece que la Administración General del Estado y las Administraciones de las comunidades autónomas podrán, de conformidad con sus disponibilidades presupuestarias, establecer acuerdos específicos para la concesión de ayudas económicas con el fin de facilitar la autonomía personal. Estas ayudas tendrán la condición de subvención e irán destinadas a:

I Apoyar a la persona con productos de soporte o instrumentos necesarios para el normal desenvolvimiento en su vida ordinaria.
I Facilitar la accesibilidad y adaptaciones en el hogar que contribuyan a mejorar su capacidad de desplazamiento en la vivienda.

Las ayudas técnicas se clasifican en diferentes categorías según la norma UNE-EN ISO 9999:2023:

- Ayudas para el tratamiento y el entrenamiento.
- Órtesis y exoprótesis.
- Ayudas para la protección y el cuidado personal.
- Ayudas para la movilidad personal.
- Ayudas para las tareas domésticas.
- Mobiliario y adaptaciones del hogar y otros edificios.
- Ayudas para la comunicación, información y señalización.
- Ayudas para la manipulación de productos y mercancías.
- Ayudas y equipamiento para la mejora del entorno.
- Ayudas para el ocio y el tiempo libre.

 Actividades

1. Nombra cinco ejemplos de ayudas para el ocio y tiempo libre.
2. Busque los significados de órtesis y exoprótesis.

Dentro de las ayudas para las tareas domésticas se encuentran las ayudas para la alimentación, entre las que destacan:

- Ayudas para la preparación de alimentos y bebidas.

  - Ayudas para cortar, partir y dividir.
  - Ayudas para limpiar y pelar, incluyendo pelapatatas manuales y sujeta-patatas.
  - Ayudas para cocinar y freír.

- Ayudas para comer y beber:

  - Tazas, vasos, biberones, pajas.
  - Platos. Incluyendo platos-termo.
  - Bordes elevados para platos y platos con topes.
  - Aparatos para ayudarse a comer.

La alimentación supone una actividad de la vida diaria básica encaminada al autocuidado, es decir, su objetivo primordial es garantizar la supervivencia a través de autonomía e independencia elementales y que permitan vivir sin precisar ayuda continua de otros.

Concretamente, las ayudas técnicas para la alimentación se pueden definir como dispositivos que capacitan al ACNEE para poder comer y beber, así como a prepararse o servírselos antes de su ingesta, etc.

2.1. Características de las ayudas técnicas

Todos los ámbitos en los que se utilicen las ayudas técnicas deben caracterizarse por:

- Ser considerados necesarios y eficaces en el sentido que no se prescribe o utiliza sin que exista una necesidad real. Produce el efecto deseado y responde a las necesidades para las que ha sido concebido.
- No restringir las capacidades del alumnado: no limitará otras funciones, capacidades o actividades.
- No estar contraindicados, no debe existir ninguna circunstancia que se oponga al uso de la ayuda técnica.
- Seguros, evitando los riesgos innecesarios.
- Considerarse de fácil obtención y con una buena relación calidad-precio: la ayuda técnica debe ser apropiada, de tal forma que el educando tenga posibilidades de utilizarla desde el preciso instante en que se descubrió la necesidad. De igual manera, no sirve de mucho la prescripción de un dispositivo que no pueda ser costeado.

- Aceptada por el/la alumno/a: es un requisito indispensable que el niño acepte la utilización de esta ayuda técnica, y que este se sienta lo más natural y cómodo posible con el utensilio.
- El mantenimiento debe ser posible, de bajo coste y cercano, asegurándose de repuestos para las posibles reparaciones.
- Ser dinámicos: deben variar en el transcurso de la vida del alumnado y según el contexto en el que se encuentre.

Además no se debe olvidar que en la mayoría de los casos será necesario un profesional que los recomiende y que enseñe a utilizarlos de manera adecuada y que, por supuesto, el alumno además de aceptar el producto se implique en todo momento para la elección de la ayuda técnica.

Sabía que...

La estrategia del diseño de materiales está cambiando, permitiendo que productos de uso general y comercializados en establecimientos del mercado de gran consumo puedan ser utilizados por personas mayores y personas con déficits físicos, mentales, intelectuales y sensoriales. Este nuevo concepto se denomina, "Diseño para todos".

2.2. Productos de apoyo para servir comida y bebida

Son los recipientes desde los que se sirve la comida y la bebida o bien, los utensilios utilizados para esta acción. Algunos de ellos son:

- **Soporte para jarras:** son unas bases de acero recubierto en plástico donde se coloca una jarra servidora de agua para facilitar su manejo. La plataforma donde se sustenta la jarra se inclina mediante un suave empuje y permite servir líquidos sin esfuerzo ni riesgo de derramarlo. No permite bajar ni llevar hacia atrás más allá del horizontal.

Soporte para jarras de acero inoxidable

- **Agarre ajustable de tetrabricks:** es un soporte graduable, lo que permite utilizarlo con diferentes medidas de tetrabricks. Dispone de un asa que mejora el agarre del mismo y tiene varias funciones: abrir, sostener y verter el líquido.

Utensilio de agarre de tetrabricks

- **Espátulas y pinzas adaptadas:** suelen tener los mangos más anchos y de materiales antideslizantes de plástico, siendo estos muy ligeros y con forma de "T" (que facilita el manejo). También se pueden adquirir mangos adaptables a los utensilios comunes.

Espátulas y pinzas adaptadas

- **Sujeta platos:** este dispositivo tiene un agarre para facilitar la presión sobre el plato, y un mango que permite sujetar y transportar este con una mayor facilidad.

Sujeta platos

- **Abridores universales:** existen abridores que, gracias a su diseño y características, permiten abrir recipientes de diferente tamaño y sistema de apertura: botes, botellas, latas, etc.

Abridor universal

- **Tiranillas:** con un sistema ergonómico, los tiranillas facilitan la apertura de latas de bebida o conserva.

Tiranillas

- **Agarradores de ollas y sartenes:** sujeción para mangos de cacerolas y sartenes que se adhiere a la superficie por medio de ventosas.

Agarrador de ollas y sartenes

- **Bandejas ajustables:** bandeja que se ajusta a todo tipo de silla. Las hay de plástico y de madera y suelen tener los espacios suficientes para colocar todos los platos del menú.

Bandeja adaptada

- **Línea de autoservicio:** adaptada en altura que permita ver los alimentos desde la posición de sentado. Existen dos tipos diferentes:

  - Líneas en las que se muestran los platos ya servidos, y que encontrándose a una altura adecuada puedan resultar de más fácil acceso.
  - Líneas en las que el alumnado muestre su bandeja y en las que el alimento pueda ser abastecido por el personal del comedor o bien ser autoservicio y requerir de material adaptado para servirse la comida en la bandeja.

Línea de autoservicio adaptada para comedor escolar

2.3. Dispensadores de comida

Son recipientes que ayudan al alumnado a medir una cantidad predetermi-nada de azúcar, sal, aceite, cereales, etc.

Estos dispensadores, por norma general, pueden regularse para servir dife-rentes cantidades, así en el ejemplo del azúcar pueden servir: ¼, ½ o 1 cucha-radita. Suelen ser de fácil utilización con una sola mano y sin requerir excesivo esfuerzo. Está pensado para personas con poca destreza y fuerza manual.

Dispensadores de cereales

 **Actividades**

3. Señale qué otros tipos de mostradores o líneas de comida existen.
4. Busque cinco ejemplos de tipos de dispensadores de comida.

2.4. Cubiertos, platos, vasos y pajitas

Existe una amplia gama de cubiertos, platos, vasos y pajitas preparados para que cualquier persona que no pueda emplear los de uso convencional pueda comer y beber cómodamente.

Cubiertos y pajitas

Utensilios usados al comer o para cortar comida mediante los cuales se traslada desde el recipiente a la boca de una persona.

Los cubiertos, al igual que ocurre con las espátulas y pinzas adaptadas para servir comida, pueden ser adquiridos de forma que se le pueda ajustar cualquier tipo de mangos (existen juegos de mangos que se adaptan a cualquier necesidad), o bien con el mango ya adaptado.

Sin lugar a dudas, dentro de este grupo los más conocidos son los de mango angulado (hacia la derecha o hacia la izquierda), y los que poseen en vez de mango una correa ajustable hecha de tela y espuma para que no lastime a la persona, y de esta manera se pueda sostener el cubierto sin ningún problema.

Pero lo cierto es que existen infinidad de adaptaciones para cubiertos. Así pues, se muestran algunos ejemplos más:

■ Cubiertos de mango flexible: son aquellos que poseen un mango cilíndrico flexible que permite colocarlos en multitud de posiciones alrededor de la mano o en la articulación de la muñeca.

- Cubiertos de mango grueso antideslizante: cubiertos con mango grueso y redondeado fabricados con materiales antideslizantes y con anillos salientes para una mayor sujeción.
- Cubiertos con asa moldeable: son cubiertos cuyo mango está fabricado con vinilo que permite ajustar el mango a la mano de la persona.
- Cubiertos ajustables: para manos pequeñas. Simplifican el movimiento plato-boca. La zona que se introduce en la boca se puede girar para angularla según las necesidades de la persona, y dispone de una tira de velcro ajustable.
- Cubiertos con alargador: el mango de estos cubiertos mide aproximadamente 25 cm de longitud y puede ser de acero inoxidable o de vinilo.
- Cubiertos con contrapeso: compuestos por cinco piezas móviles y un contrapeso que mantiene la posición horizontal del mismo independientemente de la postura del brazo o del temblor de la persona. Dispone de una correa para sujetar el mango a la mano.
- Cubiertos con muesca: suelen ser pequeños, y como su propio nombre indica, con una pequeña muesca en la parte posterior del mango para facilitar su uso.
- Cubiertos ligeros: son cubiertos cuyo mango es muy ligero fabricados con diversos grosores.
- Cubiertos con rótula: permiten multitud de ángulos para posicionarlos ya que están unidos al mango a través de una rótula de manera que se adapten a las personas que lo utilizan.
- Cuchillos basculantes: de mango grueso o en forma de "T" que permiten el corte por deslizamiento y balanceo con una sola mano.
- Tenedores-cuchillos: combinaciones de cuchillo y tenedor.
- Tenedores-cucharas: combinaciones de tenedores y cucharas.
- Etc.

Las pajitas son sin retroceso, es decir, permiten que el líquido permanezca dentro incluso cuando el usuario deja de absorber (gracias a que poseen una válvula unidireccional).

Se puede utilizar con líquidos fríos y calientes. Se sujeta al vaso mediante un clip. Suele presentarse en dos medidas: 18 y 25 cm.

Tazas y vasos, copas y tacitas con platos

Son recipientes que tienen como finalidad ayudar a beber, o bien son adaptadores necesarios para un mayor agarre de vasos, tazas y copas. Al igual que pasa con los cubiertos se puede encontrar en el mercado una gran variedad de tipos, entre los que destacan:

- Copas con rebaje
- Copas vaso
- Tazas con tetina de silicona rígida
- Tazas con orificio para pajitas
- Tazas altas
- Tazas con asas
- Tazas con doble asa
- Tazas con tapa
- Tazas inclinadas
- Tazas para disfagia
- Vasos antiderrame
- Vasos con asa
- Vasos con tapa
- Vasos con asas y tapas
- Vasos recortados

Cubiertos

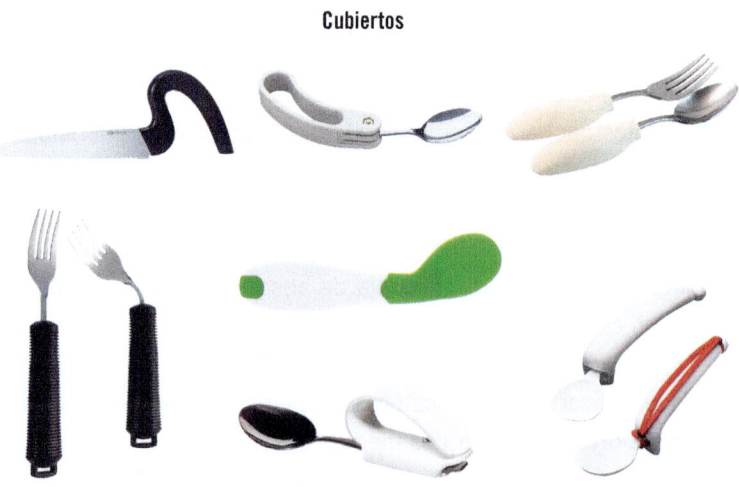

Tazas y vasos

 ## Actividades

5. Indique qué es un vaso recortado. Busque una imagen representativa de este tipo de adaptación.
6. Señale cómo son las tazas para disfagia. Descríbalas.

Todos estos tipos de tazas, copas y vasos son de plástico y por norma general se pueden adaptar accesorios como tapas de silicona, tetinas o picos.

Aplicación práctica

Se encuentra trabajando en un comedor escolar con Sandra, una niña de 6 años que presenta una parálisis cerebral atetoide, es decir, la parte central del cerebro no funciona adecuadamente y es por ello por lo que el tono muscular fluctúa de alto (hipertonía) a bajo (hipotonía), provocando movimientos bruscos, incontrolables, involuntarios y lentos debido a los desequilibrios de las contracciones musculares. Como consecuencia de ello requiere de una silla de ruedas para sus desplazamientos.

a. ¿Qué productos de apoyo necesitará para servirse la comida por sí sola en la bandeja?
b. Además, Sandra está aprendiendo a comer sola pero debido a su discapacidad física requiere de productos de apoyo. ¿Qué tipo de cubiertos y vasos cree que debe utilizar?.

Continúa en página siguiente >>

<< Viene de página anterior

SOLUCIÓN

Al necesitar Sandra una silla de ruedas para desplazarse será más conveniente que sean los monitores de apoyo los que le sirvan la comida. Sin embargo, es importante ofrecerle la oportunidad de que se comporte como cualquier otro niño de su edad, necesitando para ello los siguientes productos de apoyo:

I Una línea de autoservicio adaptada en altura y que le permita alcanzar la comida sin necesidad de levantarse de la silla de ruedas.
I Que las espátulas de servicio de la comida sean más ligeras y tengan un mango más ancho y en forma de "T" para facilitar el agarre.
I Que al final de la línea de autoservicio tenga a su alcance algún carrito adaptado para transportar la comida hacia la mesa.
I La jarra utilizada deberá estar sujeta en un soporte para jarras que se incline mediante un pequeño empuje.
I Al igual que ocurre con las espátulas para servir la comida, los cubiertos han de estar adaptados. En este caso, los más idóneos serían aquellos mangos más gruesos, blandos y que fuesen antideslizantes para un mayor agarre en los momentos de hipotonía, e incluso si las fluctuaciones son muy severas, se le deberían proporcionar cubiertos que tuviesen el mango flexible.
I En cuanto a los vasos serán más recomendables aquellos que posean doble asa, tapa y tetina o pajita ajustable a la tapa, para un mayor control antiderrame.

Platos

Los platos pueden encontrarse de cerámica o de plástico y entre los más comunes destacan:

■ Platos-termo (con agua caliente).
■ Boles con una tapadera o un asa.
■ Platos con ventosas o con base antideslizante.
■ Platos hondos con un borde saliente u ovalado.
■ Platos con el fondo inclinado.
■ Platos giratorios.
■ Etc.

Platos adaptados

2.5. Bordes elevados y topes para platos

Se denominan bordes elevados y topes para platos a los productos curvados que se pueden adecuar a un plato para proporcionar un borde elevado que impida que la comida salga del plato cuando se utiliza una sola mano.

Estos bordes pueden ser de acero o de plástico, siendo estos últimos más prácticos por ser más flexibles y de más fácil colocación. Generalmente se sujetan al plato mediante tres clips. Los hay de diferentes diámetros: 13 cm, 19 cm, 21 cm, 25 cm, etc.

Existen también unos bordes a los que se llaman cercos debido a que acaparan casi todo el perímetro del plato dejando poco espacio para el derrame.

Dentro de este grupo de utensilios adaptados también se incluyen los **calzaplatos y posacubiertos.** Estos se pueden definir como utensilios que se colocan encima de la mesa y que tienen dos finalidades principales:

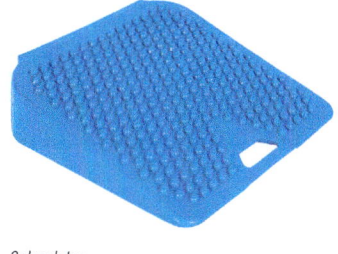

Calzaplatos

1. Elevar el plato para evitar tenerlo agarrado con la mano cuando se está comiendo alguna sustancia líquida como sopas, cremas o guisos.
2. Ejercer la función de colocar los cubiertos encima cuando no se precisa del utensilio en ese momento, es decir, de posacubiertos.

Están elaborados con materiales preparados para aguantar el calor y con una gran resistencia al desgaste. Los hay de varios colores y con diversos motivos decorativos.

 Sabía que...

Existen unos bordes fabricados con un plástico especial que se puede moldear con el calor.

2.6. Aparatos para dar de comer

Son dispositivos eléctricos o manuales que permiten comer a una persona.

Dispositivo manual de alimentación

Es un utensilio necesario para alimentar al ACNEE que se encuentra postrado o con habilidades motoras orales limitadas y que requiere ingerir sopas espesas y papillas de todo tipo. El monitor de apoyo puede controlar fácilmente la circulación de la comida presionando el sistema de empuje ubicado sobre el utensilio, a la vez que puede disminuir el flujo apretando la boquilla de goma de silicona.

Es de fácil montaje y desmontaje para su correcto lavado manual o mediante la utilización de lavavajillas de tipo particular o industrial.

Normalmente presentan las siguientes características:

- Largo de boquilla: 14 cm.
- Capacidad: 237 ml.

Dispositivo manual de alimentación

Cucharas dosificadoras

Son unas cucharas de plástico cuyo mango es hueco para poder llenarlo de comida pasada y mediante un pequeño empuje se llena la cabeza de la cuchara. Permiten una alimentación cómoda con una sola mano. Es fácil de rellenar y tiene una capacidad de 90 ml.

Cuchara dosificadora con mango de silicona

Dispositivos eléctricos para autoalimentación

Mecanismo eléctrico manejado por el mentón que consta de una base, de apoyos para sujetar el plato y de un brazo articulado donde va adherida la cuchara. Dispone de control remoto de mano o pie.

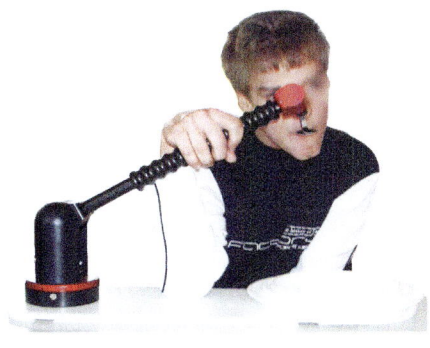

Dispositivo eléctrico de auto-alimentación

Soporte de antebrazo para la autoalimentación

Mecanismo que acompaña al brazo desde el plato a la boca prestándole apoyo. La estimulación táctil beneficia el control del movimiento y reduce el temblor. La altura y el ángulo del mecanismo se regulan a través de una llave *allen* incluida. Contiene un accesorio opcional que ayuda a apoyar el brazo durante el desplazamiento de este.

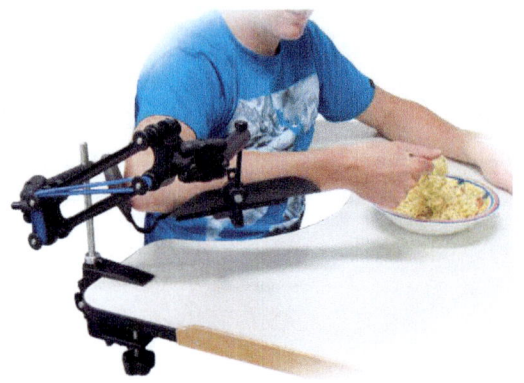

Soporte de antebrazo para la autoalimentación

2.7. Sondas alimentarias

Una sonda alimentaria se usa para procurar nutrientes al cuerpo de una persona que no puede tragar alimentos por la boca. Existen varias razones por las que puede resultar necesaria una sonda alimentaria, estas varían desde la incapacidad de deglución (ingerir y masticar) de los alimentos debido a inseguridad o inconsciencia, hasta riesgo de asfixia u obstrucción o daños en el sistema digestivo.

La sonda normalmente no es un dispositivo permanente y puede ser utilizada tanto a corto como a largo plazo. Dependiendo del tiempo que se prevea su uso, se recomendará un tipo de sonda u otro.

Existen tipos diferentes de sondas de alimentación diferenciados por el lugar donde van a ser colocados. Así, estos sistemas suelen ser tubos que van:

- Desde la nariz al estómago (sonda nasogástrica).
- De la nariz al intestino delgado (sonda nasoyeyunal).
- Directamente al estómago desde el exterior (sonda estomacal).

En todos los casos los alimentos que se administran por el tubo son preparados especiales de una textura líquida para que no se obstruya la sonda.

Al principio la persona puede sentirse incómoda con la colocación de la sonda de alimentación, independientemente del tipo de método utilizado. Este problema se debe a la irritación que produce su uso y al proceso de cicatrización que se genera en el cuerpo cuando se efectúa una incisión para colocarla.

Las sondas alimentarias solo deben ser puestas, ajustadas y quitadas por enfermeras o médicos. Si una persona que no está cualificada tira de ella, la oprime o intenta ajustarla podrá generar una gran cantidad de problemas y daños que van desde la asfixia, la lesión o desgarro de un órgano del aparato digestivo próximo al punto de entrada, hasta el incremento del riesgo de infección.

Como normas generales para el uso de cualquiera de los tipos de sonda que se han descrito se debe tener en cuenta:

- Mantener la higiene de la boca y dientes e hidratar bien los labios.
- Pasar 50 cc de agua antes y después de cada dosis de alimento.
- Comprobar que la velocidad de paso de alimento sea lenta, aproximadamente 30 cc por minuto.
- Incorporar al paciente unos 45° o sentarlo. Se mantendrá en esta posición una hora para evitar el reflujo.
- Dar la medicación separada de los alimentos. No dar medicación que sea efervescente, solo jarabes.
- Ante cualquier duda preguntar al equipo médico que esté tratando a la persona.

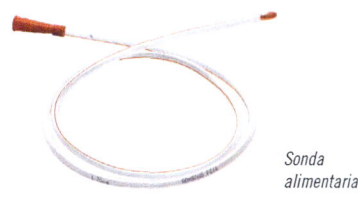

Sonda alimentaria

 **Actividades**

7. Indique cómo debe ser el mantenimiento de una sonda nasogástrica.
8. Realice un cuadro con los tipos de preparados para sondas que existen.

3. Técnicas para dar de comer

Para suministrar de forma correcta la alimentación oral a aquellos ACNEE que no puedan comer por sí mismos se seguirán las siguientes indicaciones:

- Procurar un ambiente tranquilo, agradable y acogedor, evitando en la medida de lo posible estímulos molestos: dolor, olores y visiones desagradables, etc., y motivando al alumnado con frases como: "Es la hora de la comida, seguro que tienes hambre porque hoy has trabajado mucho".
- Sentarse en una silla cerca de la mesa para que la persona pueda ver al monitor, intentando situarse enfrente y a su misma altura o incluso un poco por debajo.
- Hablarle de la comida que se le está dando.
- La comida estará frente al ACNEE.
- Controlar la temperatura de alimentos y bebidas, intentando que no estén demasiado fríos, ni demasiado calientes.
- Colocar al ACNEE en posición recta (lo más cercano posible a 90º). Se recomienda, siempre que sea posible, que coma sentado y esté cómodo en esta posición.
- Si hay un déficit de salivación, estimularla chupando un trocito de limón inmediatamente antes de las comidas.
- Realizar la alimentación sin prisas, lentamente y sin distracciones.
- Estimular la participación activa y la máxima autonomía posible, es decir, que el ACNEE tienda a alimentarse por sí solo.
- Administrarle pequeños trozos de comida y no llenar excesivamente el cubierto.
- Administrarle líquidos con frecuencia mientras come. Si es necesario, utilizar las ayudas técnicas que se requieran.

- Observar su reacción en todo momento durante la comida, no se dejará nunca solo/a.
- Limpiarle la boca tantas veces como sea necesario.
- En caso de parálisis facial colocar los alimentos en el lado funcional de la boca.
- Respetar el tiempo que el ACNEE emplee para masticar y tragar el alimento.
- En el momento de tragar, sobre todo si hay riesgo de atragantamiento, se aconseja mantener la cabeza flexionada con la barbilla hacia abajo.
- Observar la garganta para asegurarse que la comida ha sido tragada. Se le deberá preguntar si está listo para recibir comida.
- Intentar que el ACNEE pruebe todos los alimentos.
- Facilitar la higiene bucal después del almuerzo.
- Aflojar las ropas y descansar antes y después de las comidas, mejor sentado que acostado para evitar reflujo.

De igual modo, es muy importante saber cómo actuar ante un vómito alimenticio:

- Cuando sea posible el ACNEE deberá estar sentado. Si está tumbado se debe girar la cabeza hacia un lado.
- Colocar un cubo delante de la cara.
- Apoyar la mano en la frente del ACNEE y secar el sudor.
- Ayudar al ACNEE en su aseo una vez haya terminado el vómito: ayudarle a enjuagarse la boca a lavarse las manos, etc.

 Importante

Si está alimentando a un ACNEE que tiene una discapacidad visual explíquele qué clase de comida hay en el plato, la apariencia y cómo ha sido preparada.

Por otro lado, si hay que administrar alimentos al ACNEE que no puedan suministrarse de forma oral, estos se podrán proporcionar por sonda utilizando varios métodos. Estos son:

■ La administración por jeringa en bolo: se utiliza una jeringa para colocar la fórmula dentro de la abertura de la sonda de alimentación o botón de la sonda, y posteriormente se descarga el contenido dentro de la misma que fluye valiéndose de la gravedad.

Pasos para la administración de comida por sonda nasogástrica a través de jeringa

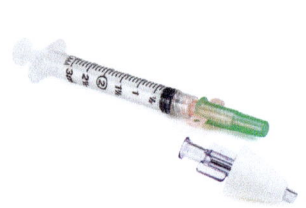
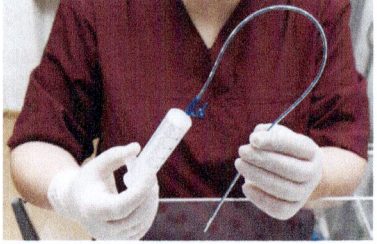
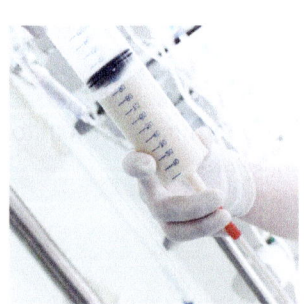
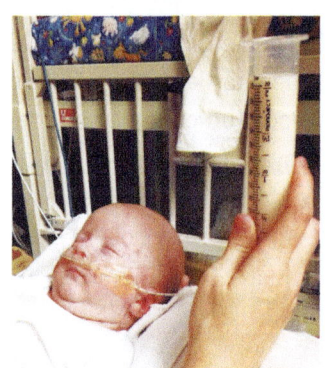

Continúa en página siguiente >>

<< Viene de página anterior

Paso 1	Lavamos las manos Preparamos el alimento de fórmula Preparamos la jeringa y el agua

Paso 2	Sentar al ACNEE Lavar la sonda con 30 cc de agua Empezar a alimentar

Paso 3	Pasar el alimento en 15-20 minutos Pasar agua al final de la comida Desconectar la jeringa y tapar la sonda

Paso 4	Limpiar la jeringa Guardar el alimento sobrante en la nevera Reposar entre 30 y 60 minutos sentado

- El goteo por gravedad: se coloca una bolsa con el preparado en un gotero que está situado sobre la persona. Las bolsas se suelen cambiar cada 24 horas para disminuir el riesgo de contaminación por bacterias y para asegurar la frescura de la fórmula utilizada.
- Bomba de alimentación: la administración del preparado especial es controlada por un dispositivo eléctrico o que funcione con batería. Se emplea para la alimentación a través de una sonda yeyunal para impulsar el alimento mediante la misma y cerciorarse de que llega al intestino delgado.

4. Protocolos de información entre profesionales y familias

La escuela debe abrirse al medio social. Una vía será el establecimiento de canales de comunicación entre la familia y la escuela, es decir, entre los padres y profesionales que inciden en la educación del alumnado. En este punto ha de destacarse la idea de la convivencia de la participación activa de los padres en el centro escolar como miembros integrantes de la comunidad educativa. La colaboración entre profesionales de la educación y padres en el proceso de enseñanza-aprendizaje del alumnado conducirá a una más que satisfactoria consecución de los objetivos planteados y contribuirá al desarrollo armónico e integral de la personalidad del niño, siendo este un objetivo común.

Para que todos estos objetivos se hagan realidad, para que esta labor cooperativa se traduzca en la consecución de un objetivo común (el desarrollo integral de la personalidad del niño), será necesario establecer canales de comunicación entre la familia y los profesionales educativos.

Por este motivo, una de las tareas del monitor de apoyo educativo consiste en determinar los cauces y formas de participación.

La participación de las familias requiere que se le facilite una información continuada relativa a las decisiones acerca de la alimentación de sus hijos en cuanto a las condiciones y recursos que garanticen un servicio de calidad.

En todo momento, los monitores especialistas de apoyo en el comedor escolar tendrán en cuenta que las relaciones estén convenientemente organizadas para que no se conviertan en algo anecdótico e insustancial, al mismo tiempo que mantienen un clima cordial y natural para favorecer la participación de la familia en la vida real del centro. Así, la responsabilidad de los programas educativos que se lleven a cabo recae de lleno en el equipo interdisciplinar, buscando siempre beneficiar el desarrollo del alumnado.

Un ejemplo de protocolo a seguir para el intercambio de información con respecto a un programa de hábitos básicos de alimentación puede ser el siguiente:

1. Recogida de la demanda e intercambio de información con el tutor.
2. Reunión inicial con los padres en la que se proyecta y se recoge la información necesaria para el planteamiento del programa.
3. Estudio del caso.
4. Planteamiento de actuaciones que se van a llevar a cabo con el ACNEE.
5. Orientaciones y asesoramiento al tutor o a la tutora y a los padres sobre la necesidad planteada.

6. Evolución y seguimiento del caso a través de reuniones periódicas o cuadernos de intercambio de la información.

Las vías de comunicación y colaboración entre la familia y la escuela pueden ser:

- **Colectivas:** ejemplarizadas en las reuniones de padres en las que se puede constatar la evolución del grupo en el que se encuentra su hijo. La participación en charlas, conferencias, grupos de trabajo o discusión para favorecer el contacto con otros padres, y la adopción de posturas comunes ante los problemas, situaciones o temas de interés colectivo serán otras estrategias básicas a la hora de favorecer la relación entre el centro educativo y las familias, en este caso, del alumnado con necesidades educativas especiales.
- **Individuales:** que tienen como objetivo guiar y facilitar la adaptación del ACNEE al medio escolar y concretamente al comedor, sentando las bases de la relación, conociéndose y estableciendo un clima de confianza mutua en el que se pueda producir un intercambio de información que permita la obtención de elementos para la retroalimentación del proceso educativo, facilitando la labor de apoyo en el proceso de adquisición de habilidades básicas de alimentación.

Así, entre los cauces de comunicación y colaboración más comunes entre familia y profesionales destacan:

- Reuniones periódicas.
- Cuadernos de intercambio de comunicación.
- Asistencia de la familia a sesiones prácticas de comedor en el colegio.

4.1. Reuniones periódicas

Estas reuniones periódicas se han de llevar a cabo a lo largo de todo el curso, teniendo un marcado carácter individual de atención directa a las familias.

Para el buen desarrollo de estas reuniones se ha de planificar la forma de actuar y las funciones a desempeñar por los distintos profesionales que intervienen en los programas que atañen al alumnado.

Las reuniones periódicas se llevarán a cabo ante:

- Demandas realizadas por el monitor de apoyo.
- Demandas solicitadas por los padres a través del tutor.
- Demandas realizadas por otros servicios (orientación, servicios sanitarios, etc.).

Aunque al menos se realizarán **cuatro reuniones** a lo largo del curso.

Reunión de presentación y recogida de información

Esta primera reunión se llevará a cabo en el primer trimestre con la finalidad de obtener información sobre el alumno y establecer un acercamiento entre el profesional de apoyo en el comedor y los padres. Los objetivos que se pretenden en esta primera reunión son:

a. Saber cuáles son las capacidades y dificultades del alumnado en cuanto a su autonomía alimenticia.
b. Conocer las expectativas que muestran los padres hacia su hijo y hacia el servicio de comedor.
c. Obtener los datos clave de la historia personal del alumno que puedan incidir en la alimentación y en los aprendizajes de hábitos alimenticios.
d. Consultar acerca de las características del contexto familiar y posibilidades de colaboración.

En esta primera reunión es importante generar un clima de confianza y respeto que posibilite futuros intercambios de información.

Se puede elaborar una ficha en la que se sintetice la información que se obtenga en la reunión acerca de: teléfonos de los padres, contexto familiar, tipo de alimentación, medicación, historia médica del alumno, capacidades, etc.

Reuniones de evaluación

Estas reuniones se realizan al finalizar cada uno de los trimestres con motivo de informar acerca del seguimiento y evolución del programa individual sobre autonomía y hábitos de alimentación.

En ellas se hará especial hincapié en resaltar los aspectos positivos del ACNEE, y cn la fijación de nuevos acuerdos con la familia para mejorar los aspectos que aún están por resolver.

Aplicación práctica

Jorge es un ACNEE de 13 años que asiste al comedor escolar, y que el otro día tuvo un conflicto con otro niño de su misma clase durante el momento de patio posterior a la hora de la comida.

¿Qué tipo de cauces considera que son los más apropiados para proporcionarle a la familia la información de todo lo acontecido?

SOLUCIÓN

En un primer momento se debe informar al tutor para que sea conocedor de lo sucedido para actuar de forma conjunta ante el conflicto. Posteriormente, y a través del tutor, se citará a los padres de ambos niños por separado para tener una reunión con carácter extraordinaria en la que se hable acerca del conflicto y para plantear actuaciones conjuntas tanto en la casa como en la escuela acerca de cómo resolver estas situaciones de manera pacífica.

Una vez que se haya informado a los padres se estará en contacto con ellos mediante los cuadernos de intercambio de información. Y en posteriores reuniones periódicas se planteará el tema para conocer cuál ha sido su evolución.

Reuniones colectivas

Además de estas cuatro reuniones se podrán llevar a cabo **reuniones colectivas** con los demás padres con hijos en el comedor para tratar aspectos generales como:

- Presentar al personal de comedor: cocineros, monitores, limpiadoras, etc.
- Normas del comedor escolar.
- Los menús y dietas que se van a llevar a cabo de manera general durante el curso.
- Días de menú especiales.
- Etc.

Actividades

9. Infórmese acerca de otros tipos de cauces de comunicación y colaboración entre familia y escuela.
10. Indique qué piensa que se debe hacer ante la negativa de unos padres a colaborar en un programa de alimentación.

Para este tipo de reuniones se debe elaborar un guion con los temas a desarrollar en coordinación con los demás profesionales que participan en el comedor escolar.

A continuación se muestra un ejemplo de ficha para la recogida de información en una primera reunión con los padres del ACNEE:

FICHA DE COORDINACIÓN ENTRE PROFESIONALES DE APOYO EN COMEDOR Y FAMILIA

DATOS DEL ALUMNO-A Y DE LA FAMILIA:

Datos personales del alumno-a:

Nombre y apellidos:

Fecha de nacimiento:	Domicilio habitual:
Lugar de nacimiento:	Nacionalidad:
Teléfono (fijo):	Teléfono Móvil:

Datos de la familia:

Nombre del Padre:	(Edad):	(Profesión):
Nombre de la Madre:	(Edad):	(Profesión):
(N.º de Hermanos:)	Lugar que ocupa	

Otros familiares significativos con los que convive:

DATOS SOBRE SU HISTORIA ESCOLAR:

¿Cuánto tiempo ha asistido a atención temprana?	Un año o más	Entre 3 meses y un año	Menos de 3 meses
¿Ha asistido a otros centros para rehabilitación, apoyo, logopedia, etc.?	No	Sí, solo unos meses	Sí. (Señalar centro y motivo)
¿Cómo ha sido su adaptación en el centro?	Buena	Regular	Mala, no le gusta, no quiere venir, falta mucho

Continúa en página siguiente >>

<< Viene de página anterior

DATOS SOBRE AUTONOMÍA PERSONAL:

El desarrollo de su autonomía es:	Adecuado	Presenta pequeñas dificultades	Presenta grandes dificultades
¿Controla esfínteres?	Sí. Siempre lo pide	A veces moja la ropa o la cama	No. Se hace pis y caca. Lleva pañal
¿Tiene algún problema con la alimentación?	No. Come de todo. Come solo	Algunos. Come triturado. Hay que ayudarle	Bastantes. No come casi nada. Hay que darle de comer. Tiene problemas de deglución
¿Cómo es su autonomía con el vestido?	Se quita y se pone solo mucha ropa	Solo sabe quitarse algunas prendas	No sabe quitarse ni ponerse nada
¿Cómo son sus hábitos de limpieza, aseo, higiene?	Buenos, se lava y se seca solo	Regulares	Malos (señalar tipos de ayuda que requiere)
¿Cómo duerme? ¿Cómo es su sueño?	Duerme solo. Duerme bien	Duerme con los padres	Tiene sueño alterado, duerme poco

DATOS BIOLÓGICOS Y MÉDICOS:

Su desarrollo biológico y médico es:	Adecuado	Presenta pequeñas dificultades	Presenta bastantes dificultades
¿Tuvo problemas cuando nació? (prenatales, natales, postnatales)	No, ninguno	Alguno, pero leve	Sí (señalar)
¿Cómo es su estado de salud actual?	Bueno	Problemas leves	Problemas significativos

Continúa en página siguiente >>

<< Viene de página anterior

¿Padece alguna enfermedad, alergia, que se deba conocer en el comedor?	No, ninguna	Alguna, pero leve	Sí (señalar)
¿Toma alguna medicación habitualmente?	No	A veces	Sí (señalar y adjuntar prescripción médica y prospecto)

DATOS PSICOMOTORES:

Sus capacidades sensoriales y motrices presentan un desarrollo	Adecuado	Presenta pequeñas dificultades	Presenta bastantes dificultades
¿Tiene alguna dificultad sensorial?	No, ninguna	Alguna, pero leve (vista, oído)	Sí (señalar cual y tipo de ayuda requerida)
¿Tiene dificultades al andar, caminar, saltar, correr, mover las manos, etc.?	No, ninguna	Alguna, pero leve	Sí (señalar cual y tipo de ayuda que requiere)
¿Qué mano usa habitualmente?	Derecha	Indistintamente	Izquierda

DATOS LINGÜÍSTICOS Y COGNITIVOS (CAPACIDADES COMUNICATIVAS):

Su desarrollo comunicativo y lingüístico es:	Adecuado	Presenta pequeñas dificultades	Presenta grandes dificultades

Continúa en página siguiente >>

<< Viene de página anterior

¿Escucha, atiende, mira, cuando se le habla?	Sí, siempre	Solo a veces	No, nunca. Tiene dificultades cognitivas
¿Comprende y ejecuta órdenes?	Sí, siempre	Solo a veces	No, nunca
¿Cómo habla? ¿Cómo es su vocabulario?	Habla adecuadamente	Habla muy poco, solo unas palabras	No habla nada. Señala con el dedo. Hace gestos

DATOS DE RELACIÓN SOCIAL:

Su capacidad de relación e inserción social es:	Adecuada	Presenta pequeñas dificultades	Presenta grandes dificultades
¿Cómo son las relaciones con otros niños, en el aula, en el recreo, en el juego, en el parque, etc.?	Buenas, se relaciona bien, hace amigos, participa, es cariñoso	Regulares, a veces bien y a veces mal	Malas: no quiere, no participa, no juega, le da vergüenza, poco afectuoso, tímido, retraído, introvertido
¿Cómo se relaciona con los hermanos, los familiares y los adultos?	Bien	A veces bien, a veces mal	Mal
¿Cómo se comporta habitualmente?	Bien	Regular	Mal
¿Cumple las normas básicas de convivencia?	Sí. Es obediente	A veces	No, casi nunca, es desobediente

Continúa en página siguiente >>

<< Viene de página anterior

DATOS DEL PROCESO DE ENSEÑANZA APRENDIZAJE:

El proceso de enseñanza aprendizaje es:	Adecuado	Presenta pequeñas dificultades	Presenta grandes dificultades
¿Cómo es su coordinación óculo-manual?	Buena. Utiliza bien los instrumentos plásticos	Regular	Malo, no puede, no sabe
¿Puede utilizar los materiales ordinarios y comunes?	Sí	Hay que hacer pequeñas adaptaciones	No, especiales para el-ella
¿Cómo es su conducta habitual?	Buena	Regular	Mala
Tipo de refuerzos más adecuados.	Positivos materiales, premios	Sociales (alabanzas, halagos, etc.)	Negativos: castigos

OTRAS OBSERVACIONES: Señalar otros datos significativos para el conocimiento del alumno-a.

4.2. Cuadernos de intercambio de comunicación

Un cuaderno de intercambio de comunicación es una libreta que viene y va entre la familia y los profesionales de apoyo en el comedor escolar. En ella se tratarán los aspectos más importantes del día a día en el comedor y en la casa.

Puede ser de gran ayuda tanto para la familia como para el profesional de apoyo cuando todos comparten las ideas, los éxitos y las estrategias relacionadas no solamente con las habilidades de autonomía en la alimentación, sino también en otras destrezas.

Es posible que cada profesional lleve el cuaderno de intercambio de información a su manera (más o menos redactadas las ideas, anécdotas más o menos significativas, etc.), pero lo que sí es imprescindible es que el cuaderno sea un instrumento de comunicación entre familia y comedor escolar eficaz, que cumpla con las necesidades del ACNEE, del equipo de profesionales y de la familia, que se use con regularidad y que sea sencillo, sincero y positivo, además de ser comprensible para todos.

Cuando se escribe en un cuaderno de comunicación se puede hacer entorno a algunos temas como:

- Algo que el alumno o la alumna hizo por primera vez en casa o en el comedor o algo que el niño está empezando hacer con más regularidad, sin importar que se interprete como algo positivo o negativo.
- Algo que posiblemente provoque ansiedad en el ACNEE.
- Algo físico que le haya ocurrido: una enfermedad, estreñimiento, efectos secundarios de la medicación, atragantamientos con un determinado alimento, etc.
- Lo que está pasando en la casa (si se tienen visitas, actividades, horarios laborales de los padres, apoyos de otras personas en casa, etc.).
- Lo que el alumno ha ingerido y cómo le ha afectado eso.
- Las personas con las que el ACNEE ha interactuado socialmente y cómo se ha sentido (interacciones con amigos, compañeros de clase y familia).
- ¿Quiénes son los amigos del ACNEE? ¿Cuáles son las actividades que comparten entre ellos en su tiempo libre?

- Las personas con quienes el ACNEE ha interactuado para trabajar las habilidades y destrezas deficitarias y cómo se siente el alumno cuando realiza actividades con ellos.
- Lo que le pase en el transporte escolar.
- Lo que le ha ocurrido hoy y que NO fue positivo.
- Lo que le ha ocurrido hoy y que SÍ fue positivo.
- Etc.

Definición

Cuaderno de información
Es una especie de "cuaderno de campo" en el que se anota día a día los datos más significativos del devenir diario de los hijos e hijas. Esta experiencia está demostrando continuamente su validez y utilidad para potenciar una coacción simultánea entre padres y educadores. Gracias a él se pueden seguir los progresos que se van realizando en la conquista de habilidades.

Mosquera y Aguirre (1996).

4.3. Asistencia de la familia a sesiones prácticas de comedor en el colegio

Las sesiones prácticas de comedor pueden considerarse como una estrategia de formación continuada que se ofrece por parte de los profesionales del comedor y que se puede ubicar dentro del campo de la educación no formal socio-participativa.

Se trata de un proceso formativo organizado que suele ir dirigido a un colectivo determinado y preferente de padres y madres fundamentalmente, y que normalmente se abre a otros profesionales (psicopedagogos, maestros de pedagogía terapéutica, maestros de audición y lenguaje, logopedas, médicos, docentes, etc.) que aborden temáticas relacionadas con el campo de la educación alimentaria mediante charlas- coloquio, videoforums, talleres, etc.

Su desarrollo se proyecta de forma continuada durante un periodo de tiempo, intentando incidir sobre la formación en conocimientos, valores, creencias, actitudes, habilidades, conductas, etc. que para ellos sea de especial interés. Es decir, un plan sistemático de formación para padres en los aspectos relativos a la educación y adquisición de hábitos relacionados con la alimentación que se desarrolla a lo largo de un periodo relativamente extenso de tiempo.

Los objetivos que se persiguen con estas sesiones prácticas en el comedor escolar son:

- Que sea un espacio de debate entre padres y madres que persiguen un objetivo común: el desarrollo integral de sus hijos e hijas.
- Recibir y analizar información de interés o actualidad.
- Reflexionar sobre conductas y ensayar reacciones frente a los problemas y conflictos cotidianos que puedan surgir en torno a la educación alimentaria.
- Analizar los valores y pautas de comportamiento en las que se basan las conductas de relación y protección familiar.
- Establecer de forma socioparticipativa estrategias de prevención y protección, potenciación y promoción del ACNEE.

La asistencia de la familia a sesiones prácticas en el comedor del colegio implica un enfoque democrático de las interacciones y relaciones, así como de los objetivos y fines a conseguir.

 Aplicación práctica

Teresa es una niña de tres años, de nuevo ingreso en el centro, que presenta una discapacidad visual. Como monitor de apoyo del comedor cita a sus padres a una reunión de presentación. Elabore el guion con los temas que debe tratar en la reunión.

Continúa en página siguiente >>

<< Viene de página anterior

SOLUCIÓN (Posible solución)

Guión de reunión de presentación con los padres de Teresa:

1. Características personales:

    a. ¿Cómo describiría a su hija?
    b. ¿Cómo ha sido el desarrollo de su hija en cuanto a nivel intelectual, social, emocional y físico?
    c. ¿Cómo ha sido el desarrollo alimenticio de Teresa?

2. Contexto familiar:

    a. ¿Cómo describiría su contexto familiar?
    b. ¿Cómo se comporta su hija en casa?
    c. ¿Considera que se relaciona bien con todos los miembros de la familia?
    d. ¿Cómo considera que su hija se siente dentro de la familia?

3. Contexto social:

    a. ¿Con qué niños tiene más relación?
    b. ¿Cómo se relaciona con los demás niños?
    c. ¿Y con los adultos?
    d. ¿Con quiénes considera que se relaciona mejor, con los iguales o con los adultos?

4. Intereses:

    a. ¿Cuáles son sus juegos favoritos?
    b. ¿Qué comidas son las que más le gustan?

5. Comedor escolar-expectativas:

    a. ¿Cuál sería el mayor logro de su hija en el futuro?
    b. ¿Qué es lo que más le enorgullece de su hija?
    c. ¿Qué esperan del comedor escolar en cuanto a su desarrollo alimenticio? ¿Y con respecto a su desarrollo social en el comedor?

6. ¿Hay algo que piensan que debo saber que aún no me hayan comentado? ¿Alguna sugerencia?
7. ¿Quieren preguntarme algo a mí?

5. Resumen

Para un monitor de apoyo se hace necesario conocer la importancia que suponen los apoyos personales (materiales y familiares) para el ACNEE, que tal y como se ha dicho, no son meros accesorios opcionales. Son necesidades que deben estar planificadas con anterioridad y que deben fomentar la participación y el aprendizaje de este alumnado, así como promover su independencia y bienestar personal.

Estas ayudas técnicas para la alimentación son dispositivos que capacitan al ACNEE para poder comer y beber, así como prepararse o servírselos antes de su ingesta. Siendo estos, por ejemplo:

- Cubiertos, platos, vasos y pajitas
- Dispensadores de comida
- Bordes elevados
- Sondas alimentarias

Por otro lado, los monitores de apoyo en el comedor deben también tener en cuenta cuáles son los cauces de colaboración y participación entre la familia y la escuela, ya que son los agentes implicados en los procesos de enseñanza-aprendizaje más influyentes para el alumnado.

Estos han de trabajar al unísono con el objetivo común de obtener los mejores resultados en cuanto al desarrollo integral del alumnado.

Ejercicios de repaso y autoevaluación

1. La norma UNE-EN ISO 9999:2023 sobre clasificación y terminología de productos de apoyo para las personas con discapacidad los define como cualquier producto fabricado especialmente o disponible en el mercado, utilizado por o para personas con discapacidad y que está destinado a...

    a. ... facilitar la participación.
    b. ... proteger, apoyar, entrenar, medir o sustituir funciones/estructuras corporales y actividades.
    c. ... prevenir deficiencias, limitaciones en la actividad o restricciones en la participación.
    d. Todas las opciones son correctas.

2. En todos los ámbitos en los que se utilicen las ayudas técnicas, estas deben caracterizarse por ser:

    a. Inseguras.
    b. De fácil obtención.
    c. Estáticas.
    d. Propuestas antes de que aparezca la necesidad real.

3. Complete los espacios libres de la siguiente frase:

En la mayoría de los casos será necesario un profesional que _____ y que _____ a utilizar las ayudas técnicas que requiera el alumno con NEE.

4. ¿Qué es un sujeta-platos?

_____

_____

_____

_____

5. Indique si las siguientes frases son verdaderas o falsas.

a. Los dispensadores de comida son recipientes que ayudan al alumnado a alimentarse por sí solo y sin ayuda de una persona de apoyo.

☐ Verdadero
☐ Falso

b. Los cubiertos, al igual que ocurre con las espátulas y pinzas adaptadas para servir comida, pueden ser adquiridos de forma que se les pueda ajustar cualquier tipo de mangos (existen juegos de mangos que se adaptan a cualquier necesidad), o bien con el mango ya adaptado.

☐ Verdadero
☐ Falso

c. Los cubiertos con asa moldeable son cubiertos que poseen un mango cilíndrico flexible que permite colocarlos en multitud de posiciones alrededor de la mano o en la articulación de la muñeca.

☐ Verdadero
☐ Falso

d. Las pajitas adaptadas son pajitas con retroceso, es decir, permiten que el líquido no permanezca dentro demasiado tiempo.

☐ Verdadero
☐ Falso

6. ¿A qué se le denomina borde elevado?

_____
_____
_____
_____

7. Relacione el nombre de la sonda con el lugar donde está colocada:

   a. Sonda nasoyeyunal.
   b. Sonda nasogástrica.
   c. Estomacal.

   __ Desde la nariz al estómago.
   __ Directamente al estómago desde el exterior.
   __ Desde la nariz al intestino delgado.

8. En la alimentación por vía oral, para dar de comer de forma correcta se debe...

   a. ... situar la comida lejos de tal forma que no pueda ser derramada.
   b. ... poner al ACNEE en posición de tumbado para que esté lo más cómodo posible.
   c. ... estimular la alimentación para que sea rápida.
   d. Todas las opciones son incorrectas.

9. Complete los espacios libres de la siguiente frase:

   La participación de las _____ requiere que se le facilite una _____ continuada relativa a las decisiones acerca de la _____ de sus hijos, en cuanto a las _____ y _____ que garanticen un servicio de _____.

10. ¿Cómo pueden ser los cauces de comunicación y colaboración entre la familia y la escuela?

   _____
   _____
   _____
   _____

11. Las reuniones periódicas se llevarán a cabo por la demanda de...

   a. ... el orientador escolar.
   b. ... los padres a través del tutor.
   c. ... el monitor de apoyo.
   d. Todas las opciones son correctas.

12. ¿Cuántas reuniones se deben tener con los padres a lo largo del curso?

_____
_____
_____
_____

13. Defina el significado de cuadernos de intercambio de comunicación.

_____
_____
_____
_____

14. Las sesiones prácticas en el comedor se pueden considerar como...

     a. ... un proceso de elaboración de productos alimenticios para personas con discapacidad.
     b. ... una estrategia de intervención para padres.
     c. ... una estrategia de formación continuada.
     d. Todas las opciones son incorrectas.

15. Complete los espacios libres de la siguiente frase:

La asistencia de la familia a _____ _____ en el comedor del colegio implica un enfoque _____ de las interacciones y _____, así como de los _____ y fines a conseguir.

Bibliografía

Monografías

▌ BARRIOS González, E., GARCÍA Mérida, M. J., MURRAY Hurtado, M., RUIZ Pons, M., SANTANA Vega, C., SUÁREZ Hernández, M. E.: *Guía pediátrica de la alimentación. Pautas de la alimentación y la actividad física de 0 a 18 años.* Canarias: Servicio canario de salud, SOFPRINT, S. L., 2011.

▌ CABEZUELO, G. y FRONTERA, P.: *Comedores escolares saludables.* Valencia: Grupo 5, 2016.

▌ PAZ Lugo, P.: *Alimentación, higiene y salud manual para maestros.* Logroño: UNIR, 2015.

▌ RIVERO Urgell, M.: *Libro blanco de la nutrición infantil en España.* Zaragoza: Prensas de la Universidad de Zaragoza, 2015.

▌ SÁNCHEZ Romero, C.: *La inclusión educativa como proceso en contextos socioeducativos.* Madrid: Uned, 2018.

Textos electrónicos, bases de datos y programas informáticos

▌ Centro de Referencia Estatal de Autonomía Personal y Ayudas Técnicas, de: <https://ceapat.imserso.es/web/ceapat>.

▌ Consejería de Educación, de: <http://www.juntadeandalucia.es/educacion>.

▌Manuales de Buenas Prácticas de FEAPS, de: <http://plenainclusionandalucia.org/sites/plenainclusionandalucia.org/files/4-queesbbpp.pdf>.

▌Portal de Educación. Orientación Andújar, de:
<https://imserso.es/autonomia-personal-dependencia>.

▌Portal de la Dependencia, de: <http://www.dependencia.imserso.es>.

▌AENOR, de: <www.aenor.com/certificacion/calidad/iso-9001>.

▌OMS, de: <www.who.int/es>.